나에겐 나를 지켜낼 힘이 있다

나에겐
나를
지켜낼
힘이
있다

쉬지아훼이 지음 | 한유진 옮김

원하는 삶으로
나를 이끄는
3가지 단어

#나_지금 잘하고 있는 걸까?
#열심히 사는데도_막막한 이유

내 인생,
도대체
뭐가 문제인 걸까?

#1 _ 회사원 A 과장의 아침

동이 트기 전 일어나 아침밥도 먹는 둥 마는 둥 하며 서둘러 출근길에 나선다. 사무실에 도착하면 어제와 다름없는 일상이 기다리고 있다. 작년과 마찬가지의 일을 올해도 하고 있고, 올해 하는 것과 차이 없는 일을 내년에도 하게 될 것이다. 내년까지 회사에 다닐 수 있다면…, 운이 좋다면 말이다.

#2 _ 공시생 B 씨의 하루

새벽녘 눈을 비비며 도서관으로 나선다. 책은 열심히 들여다보지만 좀처럼 머리에 들어오지는 않는다. '연거푸 낙방하는 이유가 뭘까, 공부는 열심히 하는데…. 진로를 잘못 선택한 건 아닐까', 이런저런 생각을 하다 어느덧 오후가 되어 버렸다. 주섬주섬 가방을 챙겨 아르바이트를 하러 간다. 일이 끝나면 집에 돌아와 다시 문제집을 펼친다. '그래도 시험에 붙으면 분명 인생이 달라질 거야'라고 생각하며 열의를 다지는 것으로 하루가 끝난다.

#3 _ 입사 1년 차 C 씨의 퇴근길

오늘도 상사 눈치를 보다가 하루가 다 갔다. 요즘은 잘하기 위해 일하는 것이 아니라, 혼나지 않기 위해 일을 하고 있는 것 같다. 도무지 보람이 느껴지지 않는 회사 생활. '과연 나는 직업을 제대로 선택한 걸까? 만약 회사를 그만둔다면 부모님이 실망하시지 않을까? 어떻게 들어온 회사인데 그래도 참고 다니는 것이 최선이겠지?' C 씨는 퇴근길 내내 하루에도 열두 번씩 끓어오르는 퇴사의 욕구를 다스리기를 반복하고 있다.

오늘, 당신의 일상은 어땠습니까? 아마도 대부분이 이들과 크게 다를 바 없는 하루를 보냈을 것입니다.

우리는 모두 마음속에 모순을 품고 있습니다. 남과 다르게 살기를 원하면서도, 남들만큼만 살았으면 하는 생각이 그것입니다. 두 가지 모두 자연스러운 바람입니다.

인간은 모두가 개별적인 존재입니다. 세상에 하나밖에 없는 존재로서 자신의 고유성을 드러내고, 인정받고 싶어 합니다. 한편으로 인간은 안전을 추구하는 존재입니다. 무리 속에서 튀지 않는 것이 안전하게 생존하는 방식임을, 그것이 곧 안정적인 삶의 해법임을 우리는 아주 어려서부터 습득해왔습니다. 그러니 평균의 인생을 지향하는 것도 이상하지 않습니다.

중요한 것은 어느 쪽이든 자신이 만족해야 한다는 것입니다. 어느 쪽을 선택하든, 스스로 흡족해야 합니다. 그래야 행복을 누릴 수 있습니다. 진심으로 자신이 잘살고 있다고 느낄 수 있습니다.

그런데 주위를 둘러보면, 그렇지 못한 경우가 더 많은 것 같습니다.

다음과 같은 생각이나 감정 때문에 만족스럽지 않고, 오히려 마음 한구석이 찜찜하거나 허전한 것입니다.

'나는 왜 이렇게 일이 잘 안 풀릴까…'

'내가 지금 잘 하고 있는 걸까?'

'무엇을 위해 이렇게 열심히 살고 있는 걸까?'

'내가 좋아하는 일이 무엇인지 모르겠다.'

'사는 것이 딱히 신나지 않는다.'

'열심히 사는데도 왠지 모를 공허함이 느껴진다.'

위와 같은 생각에 괴로웠던 적이 있습니까? 그렇다면 아마 당신은 죽으라 노력하는 타입일 것입니다. 인정받고 보상받기 위해 최선을 다하는데, 당신의 정직한 기대가 번번이 좌절되는 이유는 무엇일까요?

당신은 바라던 회사에 취직해서 가정을 꾸리고 승진을 거듭하고 있을지도 모릅니다. 남들 사는 만큼 살고 있는데 만족스럽지 못한 이유는 무엇일까요? 아등바등 모아도 돈 걱정이 떠나지 않고, 큰 집에 살아도 풍요롭다 느끼지 못하는 건 왜일까요?

누구 못지않게 열정적으로 살고 있다고 생각하는데, 흥이 나지 않고 열심히 살수록 공허해지는 이유는 또 뭘까요?

인생의 기준이 나 자신이 아니기 때문입니다.

우리는 너무 쉽게 타인의 기준을 받아들이고, 그에 맞춰 살아왔습니다. 내 인생의 판을 짜는 역할도, 룰을 만드는 역할도 모두 외부에 맡겨온 것입니다. 심지어 나의 행복과 만족감조차 남의 시선을 기준으로 평가하고 점수 매기기도 합니다.

또한, 자신에게 인정받기보다는 남에게 인정받기를 원했으며, 스스로 묻고 나의 결단을 지지하기보다는 남에게 묻고 그들의 평가에 의

존해왔기 때문입니다.

마음속 깊은 데서 끓어오르는 열정이 아니라 열심히 살기 위해, 세상의 기준에 맞추기 위해 죽으라 노력하고 있는 것일지도 모릅니다.

이제 능동적이고 치열하게 나 자신답게 살아볼 때입니다.

인생이란 어차피 나 자신과 벌이는 한판 승부입니다. 내가 태어나지 않았다면 아예 시작조차 되지 않았을 것이기에, 다른 누구도 아닌 나 자신이 주인공이 되어 치를 수밖에 없는 경기인 것입니다.

지금까지는 어땠습니까? 당신은 인생이란 경기의 주도권을 빼앗긴 채 살아왔습니다. 아니, 어쩌면 빼앗긴 것이 아니라 처음부터 제대로 손에 쥐어본 적이 없는 것인지도 모르겠습니다. 그러다 보니 걸핏하면 외부 요인에 영향받고, 이리저리 흔들리는 삶을 살 수밖에 없었던 것입니다.

내 인생인데 내 것이 아니니, 공허할 수밖에 없습니다.

지금 맞는 길을 가고 있는 걸까 고민되는 이유는 무엇일까요? 내가 잘할 수 있는 일, 좋아하는 일을 내 안에서 찾지 않았기 때문입니다.

남의 평가와 조언에 의지하다 보니 내면에서 자꾸만 의문이 생겨나는 것입니다. 마음 깊은 곳에서는 '나를 위한 길이 아니라 남이 예비해놓은 길(그러므로 나보다는 남에게 좋은 길)'을 가고 있음을 직감했을지도 모르겠습니다.

열정적으로 사는데도 재미없고 공허하다면, 그 '열정'을 한 번쯤 점검해 봐야 할 것입니다. 당신은 혹시 '무슨 일이든 열심히 하는 사람' '열정적인 인재'라는 페르소나(사회적 요구에 부응하여 다른 사람에게 보이는 태도와 행동)를 쓰고 있는 것이 아닌가요? 페르소나의 가면을 벗으면 그 뒤에는 탈진한 표정의 맨 얼굴이 있을지도 모릅니다. 그렇다면 하루빨리 자신을 돌보고, 회복시켜야 합니다. 남에게 보이고 싶은 모습에서 시선을 돌려 나의 진짜 모습을 바라봐야 합니다.

필자는 이 책을 통해 우리 삶의 중심을 '나'로 돌려놓고자 합니다. 인생의 주도권을 스스로 거머쥐고 내가 원하는 삶을 나답게 갈 길을 모색하려 합니다. 그럼으로써 내면의 고민, 상실감과 좌절감, 공허함을 해소할 수 있을 것입니다. 나아가 해방감과 만족감을 느끼며 원하는 바를 성취해 낼 힘을 얻을 수 있으리라 확신합니다.

어제보다 당당한 자신이 되어, 내일을 바꿔나갈 힘이 당신 안에 이미 존재합니다. 그 사실을 믿고, 지금 당장 변화를 선택하십시오. 당신의 선택으로 인생은 바뀔 수 있습니다.

CONTENTS

PART 01

인생은 세상이 아닌 나 자신의 것이다

나를 자유롭게 하는 힘, 자주성

PART 02

나 는 마 음 먹 은 만 큼 승 리 할 수 있 다

원하는 나를 만드는 힘, 자발성

PART 03

나 는 세 상 누 구 보 다 나 를 사 랑 한 다

나 자신을 지키는 힘, 자존성

#당신이_알아야할_3가지단어
#자기다움의_힘

내일을 바꾸기 위해 당신이 찾아야 할 3가지

당신은 이제까지 세뇌당해왔습니다. 교육에 세뇌당했고, 미디어에 세뇌당했으며, 기성세대에 세뇌당해왔습니다. 그렇게 하여 인생을 타인의 의지대로, 사회의 요구대로 살아온 것입니다.

말 잘 듣는 어린아이, 칭찬을 갈구하는 어린아이가 성인이 된 후에도 당신의 내면에 존재하고 있습니다.

필자가 이렇게까지 강하게 말하는 이유는 우리 모두의 삶이 지금 위협에 처했기 때문입니다.

10년 전 우리는 평생직장이 사라지고 있다는 위기의식을 느꼈습니다. 오늘날 우리는 앞으로 직업의 절반 이상이 사라질 위기에 처해 있습니다. 인공지능과 로봇, 빅데이터는 이미 노동시장의 깊숙한 곳까지 들어왔습니다.

10년 전 똑똑한 아이는 커서 의사나 변호사가 되어 큰돈을 벌 수 있었습니다. 오늘날 우리는 지식이 돈을 벌어다 주지 못하는 사회에 살고 있습니다. 학교에서 배우는 지식은 학교를 졸업할 때가 되면 뒤처진 것이 되고 맙니다. 그런 이유로 전문직도 과거처럼 높은 수입을 보장하지 못합니다.

10년 전 우리는 은퇴 후 어떻게 돈을 굴릴 것인가를 고민했습니다. 오늘날 우리는 은퇴 후 어떻게 돈을 벌 것인가를 고민합니다. 노인 빈곤은 심각한 사회 문제가 되었습니다. 은퇴는 더 이상 유유자적한 노후를 보장하지 않습니다. 나이가 들어서도 수입을 유지하지 못하면 빈곤의 나락으로 떨어지고 마는 시대가 된 것입니다. 평범하게 살아온 모든 사람, 전 세대가 노년을 걱정하고 있습니다.

10년 전 우리는 갈수록 많은 정치가들이 복지 확대를 호언장담하는 시대에 살았습니다. 오늘날 우리는 그들의 공약이 모두 허공을 떠돌고 있음을 압니다. 나이를 불문하고 각자 자신의 미래를 고민하고 살길을 찾아야 하는 세상입니다.

이제 인정할 때입니다. 지금 당신의 머릿속에 들어있는 90%는 10년 전 세상의 상식이라는 것을 말입니다. 성실한 개인이 사회의 훌륭한 부품이 되었던 시대의 관념입니다. 이제 그 부품의 자리를 기계가 차지하고 있습니다. 이러한 경향은 갈수록 가속화될 것입니다.

그러므로 우리가 살길은 대체될 수 없는 인간이 되는 것뿐입니다. 잘 교육된 부품이 아니라 세상에 더는 없는 단 하나의 존재로서 나 자신이 되는 방법밖에 없습니다.

기계는 영혼을 가질 수 없습니다. 영혼이 있는 것은 오로지 인간뿐입니다.

기계는 마음을 읽을 수 없습니다. 사람의 마음을 읽을 수 있는 것은 인간뿐입니다.

기계에는 의외성도, 돌발성도 없습니다. 새로운 변화와 도전을 향해 나아갈 수 있는 것은 인간뿐입니다.

기계에는 즐거움이 없습니다. 삶의 즐거움을 알고 행복을 느낄 수 있는 것은 오로지 인간입니다.

내 힘으로, 나의 길을, 나다웁게

이 책은 당신을 '대체 불가능한 단 하나의 존재'이자 '세상의 격랑에 흔들리지 않는 굳건한 존재'로 만들어줄 세 가지 덕목에 관해 이야기합니다. 자주성과 자발성, 자존성이 그것입니다.

자주성은 나 스스로의 주인이 되는 것입니다. 이를 위해서는 내면에서 나를 지배하고, 나의 발목을 붙잡고 있는 것들을 없애야 합니다. 타인의 평가, 세상의 기준, 남에게 보이고픈 나의 모습 등 자신도 모르는 사이 발목에 채워져 있던 족쇄를 한 가지씩 풀어나가야 합니다. 당신을 좁은 울타리 안에 가뒀던 족쇄를 거둬냄으로써 비로소 자기 주도적인 인생길을 걸을 수 있게 될 것입니다.

자발성은 좋아하는 일을 찾고 그것을 자신의 의지로 해내는 것입니다. 사회의 잣대나 부모, 친지의 기대가 아닌 나의 꿈을 동력 삼아 능동적으로 활동하는 힘입니다.

학벌이나 외모, 좋은 성적과 직장 등을 얻기 위해 밤을 지새우고 있습니까? 미안하지만 그것은 가짜 열정이며 당신이 목표로 하는 것은 겉으로 보여주기 위한 꿈에 불과합니다. 그러한 열정과 꿈은 자발성과는 거리가 멉니다. 자발성은 나 자신의 욕구에서 시작되며 그로 인해 상상 이상의 역량을 발휘하게 합니다. 누가 하라고 하지 않아도 저절로 하게 되고, 에너지를 발산하는 데 있어 거리낌이 없어집니다.

자존성은 독립적인 존재로서 자신의 존엄을 인정하고, 그 가치를 소중히 하는 것입니다. 어떠한 상실이나 좌절을 겪든, 자신이 유일무이한 존재임을 알고 자부심을 잃지 않아야 합니다. 자존성을 갖춘 사람은 자신을 긍정할 줄 알며 스스로 지킬 수 있습니다. 일어나지 않은 일에 대한 걱정과 불안에 사로잡혀 자신을 괴롭히거나 인생을 낭비하지 않습니다. 또한 더 나은 성품의 사람이 됨으로써 삶의 의미를 드높입니다.

이 세 가지 덕목은 학교가 가르치지 않는 것입니다. 누군가는 당신이 깨우치기를 원치 않는 것이기도 하죠.

자주성과 자발성, 자존성을 갖춘 사람은 절대 넘어지지 않으며 세상의 풍파에 휩쓸리지 않습니다. 두려움 없이 나의 길을 갑니다. 눈치 보지 않고 하고 싶은 일과 해야 할 일을 해냅니다. 이러한 사람은 단단한 뿌리를 갖춘 나무와도 같기에 언제 어떤 상황에서도 자신의 삶을 지킬 수 있습니다. 나아가 존재를 꽃피우고 세상에 도전과 향상의 씨앗을 뿌릴 수 있습니다.

세상이 만들어놓은 트랙에서 벗어나야 하는 이유

혹자는 이렇게 반문할지도 모르겠습니다.

"지금까지의 이야기가 모두 좋은 말이지만, 그렇게 살아서는 부자가 될 수 없습니다. 경쟁력이 떨어질 테니까요."

우리 모두는 부와 풍요를 원합니다. 당신 또한 부와 풍요를 위해 지금껏 전력을 다해 달려왔을 것입니다. 그러나 당신이 밟아온 길은 어디까지나 타인이 만들어놓은 트랙에 불과했습니다.

그 트랙 위를 달려서는 절대로 목적지에 다다를 수 없습니다. 그 길 자체가 부에 다가갈 수 없도록 설계된 것이기 때문입니다. 부를 원한다면 당신은 타인이 만들어놓은 선로 위에서 남들의 발자취를 뒤쫓기를 그만두어야 합니다.

하던 공부를 관두라는 이야기나, 지금 당장 사직서를 쓰라는 말이 아닙니다. 커다란 신상의 변화나 섣불리 시작하는 투자와 사업으로 부자가 될 수 있으리라는 이야기도 아닙니다. 믿는 대로 이루어진다는 꿈 같은 이야기는 더더욱 아닙니다.

이것은 당신의 삶을 바꾸는 힘은 당신 안에 있다는, 단순하면서도 어려운 이야기입니다. 일상 속의 변화를 통해 삶을 바꿀 수 있습니다. 대체 불가능한 존재, 끝까지 해내며 자신의 한계를 끊임없이 뛰어넘는 인재가 될 수 있습니다.

이 책의 가이드를 따른다면 단언컨대 이전과는 사뭇 다른 삶을 살게 될 것입니다. 자주성, 자발성, 자존성이란 세 덕목은 당신의 내면과 외면을 바꾸고, 나아가 만족감과 행복, 부와 풍요를 가져다줄 것입니다.

이 책을 읽는 독자 모두가 단 하나의 존재로서 자신의 가치를 깨닫고, 삶의 의미를 드높이기를 기원합니다.

PART 01

나를 자유롭게 하는 힘, 자주성

자주성自主性 [명사] 남에게 의지함이 없이 제힘으로 처리해 나가는 것

인생은 세상이
아닌 나 자신의
것이다

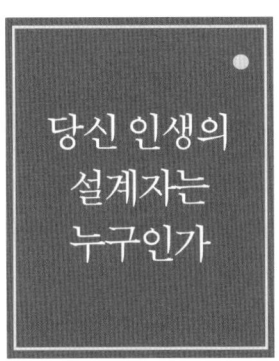

당신 인생의
설계자는
누구인가

인생은 흔히 '길'에 비유되곤 합니다. 내리막길이 있으면 오르막길도 있는 인생길은 종착역을 향해 가는 일종의 여정(旅程, 여행의 과정)이라는 것입니다.

　이런 비유가 널리 퍼진 덕분에, 많은 사람이 스스로 목표를 향해 가고 있다고 생각합니다. 자신의 일상을 목적지를 향한 여행이라 위안하며, 매일 매일 고통스럽더라도 언젠가는 그 끝에 다다라 보람을 느끼고 보상을 얻을 수 있으리라 여깁니다.

　이것은 어디까지나 착각에 불과합니다. 인간의 상상력과 문학적

천성으로 인하여, 죽음을 향한 생명체의 불가항력적인 운명이 고귀한 여정으로 포장된 것입니다.

우리가 말하는 '인생길의 종착역'은 죽음뿐입니다. 생명체라면 예외 없이 죽음을 맞이합니다. 인간은 죽음을 피할 수 없다는 점에서 개나 고양이, 곤충, 심지어 날벌레와도 다르지 않습니다. 이러한 죽음을 고귀한 목적지로 생각한다면 그것은 난센스일 것입니다.

당신은 날마다 죽음에 가까워지고 있는 것이 확실하나(나이를 먹는 만큼 생명체는 죽음에 가까워집니다), 그것은 자연의 규칙일 뿐 어떠한 의미도 없습니다.

그렇다면 당신이 지금 걷고 있는 것은 무엇일까요? 대체 어디로 향하는 길인 걸까요?

잠시 눈을 감고 일상을 돌아보십시오. 매일 아침 해가 뜨기 전에 눈을 떠서 집을 나서고, 해질녘이면 집으로 돌아와 쉽니다. 열심히 공부하고 열심히 일하면 반드시 좋은 일이 있으리라는 희망을 안고, 평일에는 직장에서 주말에는 집에서 쉼 없이 움직입니다. 그렇게 한 달이 지나면 월급날이 돌아오고, 며칠 저녁 외식을 즐기고는 다시 허리띠를 졸라매고 겨우겨우 생활합니다. 이렇게 시간 대부분을 쳇바퀴 돌리며 보냅니다. 모든 사람의 일상이 이와 비슷하게 돌아갑니다.

이렇게 당신이 매일 걷고 있는 건 당신이 생각하는 '길'이 아닙니다. 이것은 끊임없이 걸어도 다시 원점으로 돌아오는 원형의 트랙입니다.

출발선에서 한참을 걷고 달려 결승선으로 돌아오면, 그 결승선을 출발선 삼아 다시 경기를 시작하는 형태라 할 수 있습니다. 이러한 나날이 매일, 매달 반복되는 것입니다.

대부분의 사람이 이처럼 평생 정해진 트랙을 돌다가 생을 마감합니다. 그들이 볼 수 있는 풍경은 매우 한정적입니다. 걷거나 뛸 수 있는 폭도 매우 좁습니다. 경기의 주관자는 당신이 반듯하게, 그저 앞만 보고 나아가기를 바랍니다.

잠깐, 주관자라니? 인생이란 경기에도 주관자가 있다는 말인가요?

주위를 둘러보십시오. 나와 가장 가까운 사람의 삶을 생각하고, 이제까지 알고 지내온 모든 사람들의 생을 가늠해 보십시오. 비슷한 사회공간과 환경에서 모두가 같은 트랙을 걷고 있습니다. 당신은 그들과 앞서거니 뒤서거니 하고 있을 뿐입니다.

당신이 걷고 있는 이 길은 주어진 트랙입니다. 세상이 평범한 사람들을 위해 마련해 놓은 선로입니다. 당신은 평생 이 선로의 라인을 따라, 그 안에서 앞만 보며 걷기를 강요받았습니다. 교육이, 미디어가, 부모가, 선생이, 회사가 당신에게 그것을 요구해왔습니다.

내가 걷고 있는 이 길의 주인은 내가 아니었던 것입니다. 지금껏 내 '인생길'의 주인은 따로 있었습니다.

그렇다고 너무 낙담하지는 마십시오, 우리 대부분이 그렇게 살고 있으니까요. 99%의 평범한 사람들이 세상이 설계해놓은 삶을 삽니다. 자신이 진정으로 원하는 것, 꿈꾸는 것, 사랑하는 것을 좇는 것이 아니라 타인의 뒤꽁무니를 좇습니다. 사회가 만들어놓은 트랙 위를 비슷비슷한 다른 사람들과 걸으며 그 안에서 경쟁하고 좌절하기를 반복합니다.

그러면서 운명이 달라지기를 간절히 희망하는 것입니다.

모든 변화의 시작은 깨달음이라고 합니다. 이러한 충격적인 진실을 깨달았다면 이제는 내 인생의 주인이 되기 위해 변신을 시작할 때입니다. 그 첫 번째 방법은 나를 옭아매고 있는 족쇄를 버리는 것입니다. 당신으로 하여금 선로 바깥으로 결코 벗어날 수 없게 만들었던 보이지 않는 마음의 족쇄로부터 해방돼야 할 때입니다.

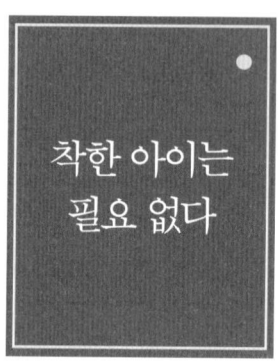

착한 아이는
필요 없다

당신의 내면에는 '착한 어린아이'가 살고 있습니다. 어린아이에게는 부모가 곧 세상의 전부입니다. 부모로부터 칭찬받기를 원하고, 버려질까 걱정합니다. 어쩌다 혼나기라도 하면 하늘이 무너진 듯 울어댑니다. 조금만 자라도 부모의 눈치를 보며 부모가 원하는 대로 행동함으로써 칭찬받고 사랑받기를 원합니다.

이제 당신은 성인이 되었습니다. 한때 부모가 전부였던 '세상'의 개념은 확장되었으나 당신은 여전히 칭찬받기를 원하고, 소외되고 버림받을까 봐 두려워합니다. 다른 사람이 나를 어떻게 볼까 고민하고, 남의 눈에 비칠 모습을 상상하며 자신을 가꿉니다. 엄마에게 칭찬받고 싶던 그 마음으로, 남들에게 칭송받기 위해 성공하려고 애를 씁니다. 그런 식으로 자연히 세상이 만들어놓은 트랙 위에 스스로를 가두는 셋입니다. 이것이 바로 우리가 자주성을 발선시키지 못하는 가장 큰 원인입니다.

자주성이란 타인의 요구나 의지와 상관없이 자신이 주체가 되어 살아가는 것을 말합니다. 자주(自主)는 스스로를 다스린다는 뜻의 자치(自治)와 같으며, 다른 누구도 아닌 자기 자신의 명령에 따르는 자율(自律)과도 일맥상통하는 개념입니다.

정해진 트랙을 달리는 인생에는 자주성이 없습니다. 타인이 설계해놓은 인생길에 자주와 자치가 존재하기 어렵습니다.

그러니 마음속에 존재하는 내면의 어린아이와 이별하십시오.

어린 시절 당신에게 세상은 두렵고 낯선 것이었습니다. 혼자서는 생존할 수 없있기 때문입니다. 의지하지 않으면 안 되있고, 인정받지 않으면 안 되었습니다.

그러나 성인이 된 이후, 당신은 더 이상 과거와 같이 힘없는 어린아이가 아닙니다. 살아남기 위해 누군가에게 의지하지 않아도 된다면, 즉 홀로 서기 할 수 있다면 나의 세상은 온전히 나 자신의 것입니다. 그 세상을 지배하는 것은 부모도, 학교도, 선생도, 국가도 아닙니다. 바로 자신이어야 합니다.

이를 위해서는 남이 짜놓은 판, 남들과 똑같은 트랙에서 자유로워질 필요가 있습니다. 당신은 그 트랙 위를 달릴 수도 있고 뛸 수도 있고, 벗어날 수도 있어야 합니다. 남의 규칙이 아니라 나의 규칙과 내면의 명령에 따라 자유롭게 살 수 있어야 합니다.

당신 세상의 주인은 누구인가?

당신의 인생을 설계한 것은 당신 자신인가, 혹은 타인인가? 자신에게 해당하는 것에 체크해보자.

- ☐ 지금의 생활에 만족하지 않지만 별수 없다고 생각한다.
- ☐ 세상이 나에게만 불공평하다고 생각한다.
- ☐ 내키지 않지만 어쩔 수 없이 하는 일이 자주 있다.
- ☐ 가끔 상황에 끌려간다는 생각이 든다.
- ☐ 항상 시간이 모자라다.
- ☐ 경쟁심이 강하고 질투가 심한 편이다.
- ☐ 성실히 살았지만 돈을 많이 모으지는 못했다.
- ☐ 일은 바쁘지만, 인생 자체는 지루하다는 생각이 든다.
- ☐ 죽지 못해 산다는 말을 자주 한다.
- ☐ 자신감이 넘치는 척하지만, 사실 마음속으로는 주눅 들어 있다.

이 중 한 가지라도 체크했다면, 자주성을 발전시키기 위해 더욱 박차를 가해야 한다.

당신의 내면에는
어른들에게 칭찬받기를 바라던
어린아이가 살고 있다.

그 어린아이와 이별하고
어른이 된 나로 홀로 서는 순간,
비로소 나다운 삶이 시작된다.

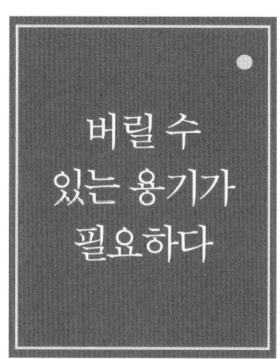

버 릴 수
있는 용기가
필요하다

나다운 삶을 사는 사람은 진정 자유롭습니다. 편안한 마음으로 만
족할 만큼의 풍요를 누릴 수 있습니다.

또한 인생에서 가장 이루고 싶은 것이 무엇인지 알기에 헛된 망상
이나 감언이설에 빠지지 않습니다. 세상의 트랙과 나만의 오솔길을
넘나들며 살아갑니다. 이처럼 자주성을 갖춘 사람은 나다운 삶을
즐길 수 있습니다.

이를 위해서는 먼저 자신을 구속하는 것들로부터 자유로워져야
합니다.

함께 도망치지 못한 이유

어느 서커스단의 단장이 동물 쇼를 위해 작은 새끼 곰 한 마리를 사 왔습니다. 그리고 새끼 곰에게 족쇄를 채워 기둥에 매어 놓고 두 발 로 걷는 훈련을 시켰습니다. 새끼 곰은 한동안 족쇄에서 벗어나려 애썼지만 기둥은 꿈쩍도 하지 않았고, 네 발로 움직이려 하면 목이 졸려 괴로웠습니다. 벗어날 방법이 없다는 걸 안 새끼 곰은 발버둥 치기를 그만두었습니다.

그 서커스단에는 일곱 살짜리 소년이 있었는데, 술주정뱅이 아버 지 때문에 단장에게 팔려온 신세였습니다. 소년은 온갖 허드렛일을 도맡아 했고, 그럼에도 단장의 심기를 거스른 날이면 방에서 쫓겨나 잠조차 편히 잘 수 없었습니다.

잠자리에서 쫓겨난 어느 날, 소년은 밤이슬을 피해 동물 사육장으 로 들어갔고 그곳에서 목에 족쇄를 찬 새끼 곰을 만났습니다.

"너도 나와 같이 팔려온 신세구나."

소년은 곰에게 연민을 느꼈습니다. 그날 이후 소년은 곰에게 과일 을 가져다주고, 때때로 마음속 이야기를 털어놓으며 우정을 쌓아 나 갔습니다.

그렇게 세월이 흘러 소년은 십 대로 자라났습니다. 곰의 덩치도 점점 커진 데다 두 발로 잘 걸을 수 있게 되어 곰은 족쇄를 풀게 되었습니다.

어느 날 곰을 태우고 다니던 수레가 고장 났습니다. 서커스 단장과 단원들은 어쩔 수 없이 곰을 놔두고 공연을 가기로 했습니다. 그 틈을 타 소년은 곰을 데리고 도망치기로 마음먹었습니다.

"자, 어서 가자. 빨리 뛰어서 최대한 멀리 도망쳐야 해!"

하지만 곰은 뒤뚱뒤뚱 두 발로 걸을 뿐, 네 발을 디뎌 뛸 생각을 하지 않았습니다. 조바심이 난 소년이 재촉했지만 곰은 심지어 사육장 밖으로 나오지도 못했습니다.

소년은 결국 눈물을 머금고 혼자 서커스단을 빠져나왔습니다. 소년이 아주 먼 곳으로 도망쳐 그곳에서 기술을 배워 취직하고, 가정을 꾸릴 때까지도 곰은 서커스단을 나오지 못했습니다. 목에 채워진 족쇄가 사라졌음에도, 곰은 여전히 두 발로 걸으며 사육장과 서커스장을 오가며 남은 생을 보냈습니다.

이 이야기 속 곰은 어린 시절의 가혹한 경험으로 인하여 두 발로 걷도록 길들여졌습니다. 네 발로 걷고 뛰는 자연스러운 본능을 잊었을뿐더러, 정해진 경로 이외에는 움직여본 경험이 없으니 사육장 바

밖으로는 나오지도 못했습니다. 자율성을 완전히 상실한 것입니다.

우리 대부분의 삶도 이 곰과 다르지 않습니다. 내재되어 있는 자연스러운 본능과 욕구, 힘을 깨닫지 못한 채 길들여진 삶을 삽니다.

당신 인생의 족쇄는 무엇인가?

사람들은 저마다 자신의 족쇄를 차고 삽니다. 수없이 많은 족쇄에 얽매여 사는 사람도 있고, 어려서부터 훈련된 몇 가지의 족쇄를 쉽게 풀지 못하는 사람도 있습니다.

그러나 이제는 자신을 구속하고 있는 마음속 족쇄를 들여다보고, 그 사슬을 끊어내야 합니다.

이번 장에서는 대표적으로 현대인들 대부분이 가지고 있는 족쇄를 이야기하고자 합니다. '일찍 일어나는 새가 벌레를 잡는다'는 식의 성실함에 대한 강박, '모든 것을 다 잘해야 한다'는 완벽주의와 그로 인한 시간 낭비, 스펙과 성공에 대한 '가짜 열정' 등이 그것입니다.

이러한 것들은 인생의 발전과 자유를 위해 버려야 할 짐들입니다.

마음을 쓸데없이 무겁게 만드는 이러한 짐을 떠안고 있으면 쉽사리 앞으로 나아갈 수 없습니다.

어제의 나로부터 자유로운 삶, 어제의 삶보나 나은 삶을 원하십니까? 그렇다면 원형 트랙을 반복해 달리는 삶에서 벗어나서 새로운 가능성을 모색해야 합니다. 자주성을 가지고 나다운 삶을 살기 위해서는 먼저 버릴 것은 과감히 버리는 용기가 필요합니다.

당신이 묶여 있는 족쇄는 무엇인가?

지금, 당신의 인생을 구속하는 고정관념은 무엇일까? 다음 중 자주 하는 생각에 체크해 보자.

- □ '난 어쩔 수 없어' '난 해도 안 돼' ▶▶ 패배주의
- □ '남들처럼만 살면 되지' '평범한 게 최고야' ▶▶ 안이함
- □ '제대로 하지 못할 바에야 아예 시작하지 않는 게 나아'

  '왜 나는 이 정도밖에 안 될까?' ▶▶ 완벽주의
- □ '바쁘게 일했는데 왜 남들은 나를 알아주지 않을까?'

  '나는 왜 항상 시간에 쫓길까?' ▶▶ 부지런함에 대한 환상
- □ '성실하지 않으면 성공할 수 없어'

  '빈둥거리는 시간은 참을 수 없어' ▶▶ 성실함에 대한 강박
- □ '반드시 성공해서 저 사람들 코를 납작하게 해주겠어'

  '시험에 붙으면/승진하면/예쁘거나 멋있어지면

  내 삶은 달라질 거야' ▶▶ 가짜 열정

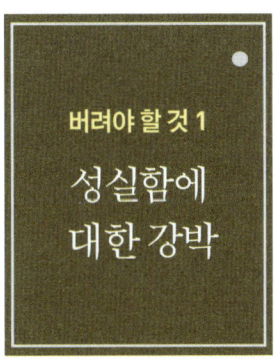

버려야 할 것 1

성실함에
대한 강박

어린 시절, 어머니는 항상 말씀하셨습니다.

"오늘 걸으면 내일은 뛰어야 하는 법이란다."

또한 어머니는 이런 가르침도 주셨습니다.

"인생은 열심히 산 사람에게 그만큼의 보답을 준단다."

오늘날, 저는 어머니의 말씀이 거짓임을 압니다. 근면은 결코 가난을 구제할 수 없습니다.

일 분 일 초를 쪼개가며, 하루를 이틀처럼 부지런히 사는 사람이 많습니다. 왜 그렇게 열심히 사느냐고 물으면 대부분이 "부자가 되기 위해서"라고 대답합니다. 성실하게 벌어서 모으다 보면 언젠가는 돈 걱정 없이 사는 날이 오리라는 것입니다.

이것은 실로 오래된 믿음입니다. 우리 사회의 신앙 같은 것이기도 하죠. 그러나, 과연 지금 시대에도 진실일까요?

배반당하는 믿음

농공업 시대를 산 윗세대로부터 배워 이른바 데이터 시대를 살게 된 현대 젊은이들은 배움과 현실의 크나큰 괴리에 직면해 있습니다.

농공업 시대에 사람들은 생산한 만큼 벌었습니다. 아침에 일찍 일어나 풀을 베고 땅을 고르면 그만큼의 작물을 거둬들일 수 있었습니다. 경제가 성장하던 시기에 생필품은 없어서 못 사는 것이었죠. 집에서 소소하게 만든 물건이든, 공장에서 대량으로 만들어낸 물건이든 열심히 만들어 부지런히 팔수록 많은 돈을 벌 수 있었습니다.

그러나 지금은 어떤가요? 세상은 우리가 상상할 수 없을 정도로 복잡합니다. 베트남에서 생산한 미국 물건을 유럽 사람이 쓰고, 중국 회사가 운영하는 온라인 서비스를 미국 사람들이 이용하며, 인도 사람은 아프리카에 있는 한국 회사에서 일합니다. 개개인의 업무도 복잡 다양화되어 각자의 채산성을 가늠하기 어렵습니다. 노동 시간만큼 부가가치가 발생하던 시대는 지났습니다.

성실한 사람들, 즉 자질구레한 일들을 앞장서 처리하고 누구보다 먼저 사무실에 도착해 업무시간 10분 전에 업무 준비를 마치고, 저녁이면 퇴근도 미루고서 남은 일을 처리하는 평범한 사람들이 부자가 되지 못하는 이유가 이것입니다. 일한 만큼 벌지 못하기 때문입니다.

부지런히 살아도 당신이 부자가 될 수 없는 이유

그럼에도 불구하고 '부지런히 살면 언젠가 부자가 되겠지'라는 막연한 환상에 사로잡혀 있지 않습니까?

이 책을 읽고 있는 당신은 아마도 온건한 시민이며, 잘 학습된 노동력일 것입니다. 적당히 야망을 품고 있고, 남부럽지 않게 살고 싶다는 막연한 희망 또한 가지고 있습니다. 그러나 마음속 깊은 데는 세상일이 내 맘대로 풀리지 않는 데 대한 좌절감, 홀로 고군분투하고 있다는 외로움, 아무리 해도 크게 나아질 리 없다는 절망감 또한 내재되어 있을지 모릅니다.

"그러게, 부지런히 사는데 왜 형편이 나아지지 않지?"

"정말 열심히 살고 있는데 세상 변화를 따라잡기가 쉽지 않아요."

"아직은 때를 기다려야 하나 봐요. 조만간 기회가 오겠죠."

누가 보다도 성실히 일하는데 아직 원하는 성공을 이루지 못한 사람에게 '왜 아직도 성공하지 못했느냐'고 물어보십시오. 십중팔구 위와 같은 대답이 나올 것입니다. 고만고만한 사람들과 원형 트랙 위를 열심히 달리며 그 사이에서 조금이라도 앞서기 위해 애쓰는 사람들입니다. 매일의 삶이 헐레벌떡 뛰는 형국이었기에 삶을 즐길 시간도, 인생의 목표에 대해 생각해 볼 시간도 없습니다.

일의 강도와 노동 시간은 부와 비례하지 않는다

필자는 8년 동안 무려 열 개가 넘는 직업에 종사한 사람을 알고 있습니다. 그는 남들이 부러워할 만한 회사도 다녀보았고, 투자를 받아 사업을 하기도 했습니다. 같은 시기에 무려 세 가지 직업을 가지기도 했죠. 명함을 들고 박람회장을 뛰어다니며 하루가 어떻게 흘러가는지 모르게 바쁘게 살았습니다.

그러나 그 역시 결국 현실을 인정하고 말았습니다.

일하는 시간과 강도는 벌어들이는 수입과는 전혀 관련이 없다는 사실을 말입니다.

우리가 흔히 '부자'라고 일컫는, 소위 돈 걱정 없이 사는 사람 중 하루 열두 시간 일하는 쪽과 하루 네 시간 일하는 쪽, 어느 쪽이 더 많을까요?

하루 네 시간 일하는 부자들이 더 많습니다. 그 이유는 두 가지입니다.

첫째, 현대 사회의 부가가치는 노동량으로 결정되는 것이 아니기 때문입니다. 짧은 시간 일하더라도 핵심적인 아이디어와 성과물을 만들어내면 부자가 될 수 있습니다.

둘째, 쫓기듯 살지 않기에 넓은 시야를 가질 수 있기 때문입니다. 현대는 변화가 초 단위로 일어나는 시대입니다. 필요한 것은 기술을 넘어서는 통찰입니다.

모든 변화를 이해하며 쫓아가는 사람이 아니라(그러므로 항상 한발 늦곤 합니다), 흐름을 읽고 주도하는 사람이 결국 부자가 됩니다. 그들은 원형 트랙 위를 달리기보다 높은 곳으로 올라가 그 물결을 바라보는 자들입니다. 특히 세상을 선도하는 부자들은 자질구레한 일 처리에 시간을 쏟기보다, 세상을 조망하고 자신의 역할을 찾는 데 더 긴 시간을 소비합니다.

이러한 사실을 처음 깨달았을 때, 필자는 적잖이 충격을 받았습니다. 성실한 인간의 전매특허는 무엇일까요? 걱정과 조바심, 완벽에 대한 강박, 시간 낭비 등이라 할 것입니다. 성실한 인간이 희망하던 성취를 이루지 못하면 어떻게 될까요? 낙담하고 좌절하다 자신을 의심하고 무기력증에 빠집니다.

당신이
못 견디게
우울한 이유

"우리는 당신이 얼마나 열심히 했느냐에는 관심이 없습니다. 그 일을 어떻게 해냈는지, 얼마나 잘해냈는지에 관심이 있을 뿐입니다."

빠링허우(80년대 이후 출생한 세대)에 해당하는 젊은 사장의 말입니다. 그는 고졸 출신으로 중관춘(중국의 실리콘밸리라 불리는 중국 IT 산업의 거점지역)에서 사업체를 일궜습니다. 그는 또한 지능화 시대에는 더 이상 과거와 같은 '회사 인간'은 필요하지 않다고 말하기도 했습니다. 필자는 식당 프랜차이즈 시장, 중관춘에 모여든 스타트업 기업가들, 포천 500대 기업에 이름을 올릴 정도로 성장한 회사의 창업 주역들도 만났습니다. 나이도 출신도 학력도 제각각이었지만 그들이 말하는 논조는 대체로 위와 비슷했습니다. ㅡ단지 오랜 시간 바쁘게 일하는 것을 기준으로 임금을 책정한다면, 말단 직원은 CEO보다 높은 임금을 받아야 마땅할 것입니다.

또 다른 중년 기업가는 이렇게 말하기도 했습니다.

"과거에 직원은 회사에 의탁함으로써 안정을 보장받았습니다. 오늘날 고용은 협력적인 계약관계로 변해가고 있습니다."

물론 성실한 사람은 책임감을 가지고 일할 가능성이 높습니다. 그러나 책임감이 보상과 직결되는 것은 아닙니다. 그것은 어디까지나 '미덕'에 불과합니다.

평생 고용이 보장되던 시대에는 그러한 미덕을 높이 사서 호봉제가 주를 이뤘습니다. 오래 일한 직원일수록 더 많은 봉급을 받았습니다. 그러나 오늘날은 호봉제의 원조라 할 일본에서조차 많은 기업이 직무능력과 성과에 따라 보상하고 있습니다. 오직 구시대형 기업들만이 여전히 회사 인간을 원하지만, 그들 또한 성실한 직원들에게 과거처럼 책임을 다하지는 않는 것이 현실입니다.

그렇다면 우리는 부지런히 살 필요가 없는 걸까요? 개미처럼 사는 인생은 헛된 것일까요?

그렇지 않습니다. 주어진 일생을 알차게 꾸리는 것은 우리의 의무이자 권리입니다. 중요한 것은 자주성 여부로, 원하는 일을 능동적으로 행하느냐 아니면 강박에 사로잡혀 자신을 괴롭히고 있느냐의 문제일 뿐입니다.

그녀가 우울증에 걸린 이유

양소는 가구업체에서 무려 10년을 일했습니다. 어려서 소황제로 자라난 그녀는 공부에 소질이 없어 보였기에, 어머니는 양소에게 미술 공부를 시켰습니다. 대학을 졸업한 이후 부모님은 양소가 안정적인 직장생활을 하기를 바랐고, 대도시에서 자리 잡아 번듯한 가정을 꾸리기를 소망했습니다. 그녀는 아버지의 인맥으로 가구업체 디자이너가 되었습니다. 그렇게 회사에서 이십 대를 다 보내고 삼십 대 초반이 된 것입니다.

사실 양소는 애초부터 미술에 흥미가 없었습니다. 그녀의 능력은 딱 배운 만큼, 그 이상도 그 이하도 아니었습니다. 회사에서도 뛰어난 편은 되지 못했죠. 대신 자질구레한 업무를 도맡으며 솔선수범했기에 사내에서의 평판은 좋은 편이었습니다. 모두가 그녀를 한결같이 성실하다고 칭찬했습니다.

그러나 정작 양소는 매달 월급이 들어올 때마다 화가 치밀어 못 견딜 지경이었습니다.

'새벽에 출근해 밤늦게 퇴근하며 온갖 골치 아픈 일을 처리하고 있는데 월급은 쥐꼬리만큼밖에 오르지 않았어! 여전히 집값 내기도 빠듯하다고. 이 와중에 대체 무슨 돈으로 연애를 하고, 결혼을 하라는 거야?'

양소는 친구들을 만날 때마다 "회사는 회사대로, 부모님은 부모님대로 나를 괴롭혀서 우울증에 걸릴 지경이야"라고 말하고 다녔습니다.

10년 근속을 눈앞에 둔 어느 날, 사장이 양소를 불렀습니다.

'승진을 시켜주려나? 월급이 오르는 걸까? 아니면 하다못해 근속 기념품이라도 주지 않을까?'

그녀는 기대를 품었으나, 사장의 입에서 나온 말은 뜻밖이었습니다. 회사사정으로 인해 정리해고를 해야 하는데 그녀가 해고 대상자라는 것이었습니다.

양소는 그렇게 회사를 나왔고 이로 인해 정말로 우울증에 걸리고 말았습니다.

양소의 울화는 어디에서 비롯되었을까요?

그녀는 내키지 않는 일이라도 맡은 소임을 다했고, 이를 위해 여가 시간도 반납했습니다. 미술을 시작한 것도, 가구 디자이너가 된 것도 자신의 의지는 아니었으나 그럼에도 부모님의 기대에 부응하기 위해 부단히 노력했습니다. 쥐꼬리만 한 월급을 받고 상사로부터 부당한 대우를 받아도 10년을 불평 없이 근속했습니다.

양소는 억울하기 이를 데 없었습니다. 울화가 터지는 것도 당연한 일이었습니다.

그녀는 정해진 원형 트랙을 남들과 같은 속도로 달리기 위해 바빠 사는 인물의 전형입니다. 그 자신이 굉장한 장점으로 여겨온 성실함조차 자주적으로 비롯된 것이 아닙니다. 양소가 보여주는 근면은 학습된 것입니다. 자본주의 사회의 일률적인 부품을 만들어내는 교육과 과거 산업 시대의 신앙에 충실히 복무 중인 깃입니다. 마음 깊은 데서부터 그렇게 하길 원해 부지런히 일한다기보다는, 그 외에 다른 성공방법을 모르기에 근면할 뿐입니다.

이러한 인물은 성실하게 살다 보면 좋은 날이 오리라는 막연한 희망을 안고 삽니다. 그러다 그 희망에 배신당하면 크게 절망하고 맙니다. 상실감과 슬픔을 느끼기도 합니다.

오늘도 수천만 명의 사람이 그녀와 똑같은 루틴을 밟고 있습니다.

마음 깊은 데서부터 그렇게 하길 원해
부지런히 일한다기보다는,

그 외에 다른 성공방법을 모르기에
근면하게 일하고 있는 것은 아닌가?

새로운
시대에
부자가
되는 길

지금 시대의 큰 부자는 대체로 상속됩니다. 이것은 부정할 수 없는
현실입니다.

　그러나 모든 부자가 상속자는 아닙니다. 〈포브스〉지에 이름을 올
리지는 못하더라도, 미래를 걱정하지 않을 정도로 부를 소유했다면
'부자'라 부를 수 있을 것입니다. 그런 의미에서 최근 십여 년간 수없
이 많은 새로운 부자가 탄생했고, 신선한 이름들이 고액 연봉자 리
스트에 올랐습니다.

　즉, 우리에게는 아직 기회가 있는 것입니다.

기회를 잡기 위해서는 과거 농공업 시대의 케케묵은 고정관념에서 벗어나야 합니다. 이를테면 '성실함은 반드시 보상받는다' '부지런한 사람은 반드시 성공한다'는 생각은 이제 버려야 합니다. 어린 시절 개근하면 상을 받았듯이, 맡은 일을 완수하는 것만으로 보상을 받게 되리라는 희망에 차있다면 언젠가 현실에 배신당하고 말 것입니다.

단순히 악덕 자본가나 불공평한 사회구조 때문이 아닙니다. 세상이 바뀌었고 지금도 바뀌고 있는 까닭입니다. 구시대적 기대는 필연적으로 좌절당할 수밖에 없게 되었습니다.

위협받는 노동의 가치

전통적인 형태의 노동은 지금 위협받고 있습니다. 공장 인력을 로봇이 대체한 지는 오래되었고, 이제는 서비스 직종마저 인공지능 기계가 넘보고 있습니다.

이런 변화는 최근 들어 더욱 가속화되는 중입니다. 10년 후에는 우리가 알고 있는 직업의 절반 이상이 지능을 탑재한 로봇의 차지가

성실함에 대한 강박에 빠져 있지 않은가?

다음에 해당한다면 당신도 근면 위험 주의보!

☐ 성실성과 근면함이 나의 최대 강점이다.

☐ '나처럼 열심히 일하는 사람도 없어. 언젠가는 모두가 알아줄 거야' 라고 생각한다.

☐ 일이 바쁘면 그 일이 잘되어 가고 있다는 징조라고 여긴다.

☐ 일정이 꽉 차 있지 않으면 어쩐지 불안하다.

☐ 어떠한 업무든 주어지면 반드시 해냄으로써 인정받겠다는 생각을 가지고 있다.

☐ 여유로운 시간을 보내는 사람을 보면 한심하게 느껴진다.

☐ 한가한 시간에 무엇을 할지 몰라 당황한 적이 있다.

되리란 전망도 나옵니다.

일례로 중국에서는 당장 계산원의 숫자가 줄어들 것이라고 합니다. 스마트폰으로 손쉽게 결재할 수 있게 되면서 계산대에 줄을 설

필요가 없어졌기 때문입니다. 사람들은 집을 나서기 전 미리 레스토랑 사이트에 접속해 음식을 주문하고 돈을 지불합니다. 남은 일은 예약 시간에 맞춰 식사하고 돌아오는 것뿐입니다. 이런 서비스를 즐기는 사람이 늘어남에 따라 전통적인 계산원의 입지가 좁아질 것이란 이야기입니다.

이처럼 일자리가 줄어들면 어떤 일이 벌어질까요? 일자리를 두고 경쟁이 치열해질 수밖에 없습니다. 당연히 일의 강도는 세지고 임금은 줄어듭니다. 부지런히 일할수록 가난해질 수밖에 없는 사회로 고착됩니다.

이런 세상에서 성공할 기회를 잡고 싶다면 성실함에 대한 환상을 버려야 합니다. 우리에게 필요한 것은 역설적이게도 '게으름'입니다.

우리는 빈둥대며 자유로운 공상과 사색을 즐길 필요가 있습니다.

노는 시간을 통해 내가 좋아하는 것, 그러므로 가장 잘하는 일이 무엇인지 찾아야 합니다.

책을 읽고 음악을 듣는 한가로운 시간 속에서 삶의 즐거움을 찾을 수 있어야 합니다.

성실은 인간의 전유물이 아닙니다. 단지 성실함만을 따지자면, 인간보다 로봇이 더 뛰어나다 할 것입니다.

로봇이 인간을 넘어설 수 없는 분야가 한 가지 있다면 그것은 '마음'입니다. 타인의 마음을 읽고 배려할 줄 아는 능력은 오로지 인간만이 가지고 있습니다. 인공지능이 아무리 발달한들 기계가 인간의 마음을 헤아릴 수는 없습니다.

즉, 사람들의 욕구를 읽을 줄 안다면 반드시 부자가 될 기회가 올 것입니다.

현 시대가
요구하는
능력이란

컴퓨터에 관해 아는 사람이라면 한 번쯤 들어보았을 법한 '무어의 법칙'은 현대 인터넷 경제의 원칙 중 하나입니다. 18개월마다 정보의 양이 2배로 증가한다는 것이 요지로, 집적회로가 발달하던 1960년 대에 등장한 이래 정보화 사회의 핵심적으로 패러다임으로 여겨져 왔습니다.

그런데 근래 들어 이러한 '무어의 법칙'의 아성이 조금씩 깨지고 있습니다. 컴퓨터 칩(chip)에서 시스템과 플랫폼으로 정보화 사회의 헤게모니가 넘어가고 있기 때문입니다.

이는 시대가 변화함에 따라 우리 개개인에게 요구되는 능력의 요체가 달라지고 있다는 뜻이기도 합니다.

얼마 전까지만 해도 "무어의 법칙에 따라 18개월에 한 번씩 우리가 가진 지식을 업그레이드해야 합니다"란 이야기를 자주 들을 수 있었습니다. 성실한 사람들이 앞장서서 변화를 학습했죠. 모범적인 사람들은 지식의 최전선을 향해 공부를 거듭했습니다.

그러나 우리 뇌의 성능은 기계의 성능을 넘어설 수 없습니다. 단순히 지식의 양으로만 따졌을 때, 인간의 뇌는 출력이 입력에 미치지 못합니다. 반면 기계는 입출력이 동일합니다. 중간에 정보가 소실될 일이 없습니다. 분석의 속도와 정확성 또한 인간은 견줄 바가 되지 못합니다.

오늘날의 인공지능은 이러한 기계의 성능과 동시에 인간을 닮은 학습능력을 갖추었습니다. 지식을 학습하고 응용하는 능력은 더 이상 인간 고유의 것이 아니게 되었습니다.

오늘날 요구되는 능력 중 손꼽히는 것은 '최적화 기능'입니다. 기업들은 빅데이터를 이용하여 유연하고도 창의적인 해법을 도출해내려 노력합니다. 로봇과 인공지능, 가상현실 등을 통해 각종 산업의 생산 방식은 능동적으로 최적화되고 있습니다. '무어 그 이상(more than Moore)'의 기술적 변화가 이미 일어나고 있는 것입니다.

무어의 법칙이 통용되던 시대에는 끊임없이 성능을 향상시키며 가격을 낮출 수 있었습니다. 무어 이후의 세상에서는 기꺼이 더 높은 가치를 소비하게끔 해야 합니다. 성능을 향상시키기보다 상상력을 확장시켜야 하며, 필요에 호소하기보다 욕구에 호소해야 합니다.

우리 또한 시대에 최적화되어야만 합니다. 단지 지식을 습득하기 위한 형태의 공부는 낡은 행위입니다. 더 많이 아는 것, 더 잘 외우는 능력은 내세울 만한 강점이 되지 못합니다.

새로운 시대가 필요로 하는 것은 통찰력과 상상력입니다. 변화의 흐름을 읽고 관리하는 능력, 변화 속에서 기회를 포착하는 능력, 넘실대는 사람들의 욕구를 파악하고 이용하는 능력이야말로 새로운 시대의 '핵심 능력'이 될 것입니다.

손발이 아닌 머리로 일하라

어느 고장에서 형제가 동시에 채석사업을 시작했습니다. 두 사람은 엄청난 양의 돌을 어떻게 돈으로 바꿀지 고민했습니다. 그러던 중 한 지인이 집을 지을 때 돌이 필요하다는 사실을 알려주었습니다.

형은 즉시 건축업자를 찾아가 계약을 맺었습니다. 인부를 고용해 부지런히 돌을 캤고 큰 트럭을 빌려 쉼 없이 돌을 옮겼습니다. 하지만 모양이 제각기였던 탓에 한 번에 많은 양의 돌을 트럭에 실을 수 없었습니다. 그렇다 보니 인건비와 운송비 등 비용에 비해 정작 수입은 크지 않았습니다.

반면 아우는 건축업자를 만나기 전, 먼저 특이한 모양의 돌들을 수집했습니다. 그 후 고급 주택을 전문으로 짓는 건축업자를 만나 조경석으로서의 가치를 설명한 끝에 계약에 성공했습니다. 그렇게 아우는 비싼 값을 받고 돌을 팔았는데, 돌 하나당 형이 판 값의 100배에 달했습니다.

채석사업을 하는 경쟁자는 이후로도 많이 생겼지만 건물 조경에 필요한 돌을 판매하는 업자는 드물었습니다. 경쟁자가 나타나더라도 아우의 명성은 드높아져 고급 조경석 분야에서는 알아주는 사업가가 되었습니다. 더 적은 노력과 비용을 들이고도 형보다 더 부자가 된 것입니다.

두 형제의 차이는 무엇일까요?

같은 돌을 팔았지만 형은 돌의 무게를 판 반면, 아우는 돌의 모양을 팔았던 것입니다. 소비자의 필요가 아닌 욕구에 호소한다는 것이 바로 이런 뜻입니다.

지금까지 손과 발로 일했다면, 이제 우리는 다른 부분으로 일해야 합니다. 보이지 않는 것을 보는 눈, 뒤집어 생각할 수 있는 머리로 일해야 하는 시대입니다.

머지않은 미래, 퇴근을 늦추면서까지 전화기를 들고 하는 영업은 낭비로 여겨지는 날이 올 것입니다. 회사에 대한 충성이 곧 복지부동(伏地不動, 땅에 바짝 엎드려 마땅히 해야 할 일을 하지 않고 몸을 사림)으로 여겨지는 날이 오리라 전망합니다.

성실함은 더 이상 무기가 될 수 없습니다.

그러므로 우리는 바뀌어야 합니다. 먼저 머릿속에서 구시대적인 인생상을 타파하고 /에 대한 고성관념들을 버려야 하는 것입니다. 그리고 재능을 깨우고 시야를 넓힐 시간을 확보해야 합니다.

이어지는 장에서는 우리가 버려야 할 족쇄 중 하나인 완벽주의에 대해 이야기할 것입니다. 완벽주의를 버림으로써 시야의 폭을 넓히고 변화에 필요한 여유 시간을 확보할 수 있습니다.

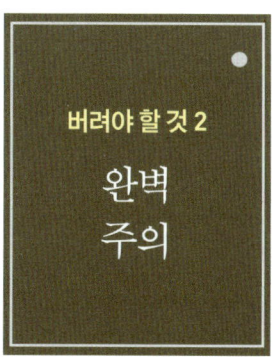

버려야 할 것 2

완벽
주의

영화 〈아이언맨〉의 히어로 토니 스타크의 실존 모델로 유명한 백만
장자 엘론 머스크는 과감한 도전을 즐기기로 유명합니다. 그 과정에
서 크고 작은 실패를 거듭했지만 머스크는 결코 좌절하지 않았고,
무모한 시도를 거듭한 끝에 신기원에 가까운 혁신을 이뤄냈습니다.
선구적인 온라인 결제 서비스 페이팔이 그의 작품이며, 만화에서나
보던 자동주행 전기자동차를 상용화시켰습니다.

 그는 많은 것을 이뤄냈으니 지금까지의 업적들은 전체 꿈에 비하
자면 미미한 수준이라 할 것입니다. 그는 화성을 개척할 계획을 가
지고 있으며, 인류를 다양한 행성을 오가는 우주 단위의 종족으로

만들려 합니다. SF에 가까운 포부이지만 엘론 머스크라면 불가능만은 아니리란 생각이 듭니다.

머스크는 '실패는 하나의 옵션일 뿐이며, 실패를 겪지 않았다면 혁신적이지 못하다는 증거'라고 말했습니다. 완벽을 추구하는 사람에게 있어 실패는 과정에 불과하며 두려워할 대상이 아닙니다.

한편, 리췐은 엘론 머스크와 동년배인 사십 대 중반의 직장인입니다. 절강성 출신인 리췐은 젊은 시절 베이징의 명문대에 진학하여 자존심에 큰 상처를 입은 경험이 있습니다. 고향에서는 1등을 놓친 적 없는 최고의 수재였는데, 베이징에서는 공부 잘하는 시골뜨기에 불과했던 것입니다. 리췐은 좌절감을 느꼈고 그것은 곧 열등감으로 변했습니다. 이로 인해 그에게는 필요 이상으로 자신을 포장하는 버릇이 생겼습니다.

이십수 년이 지난 지금 리췐은 깔끔한 외모의 성공한 중년 남자로 보입니다. 시골뜨기의 느낌은 완전히 지웠지만 그는 여전히 혼자입니다.

리췐은 아무리 아름다운 여자라도 결점이 있을 수 있다는 사실을 이해하지 못합니다. 그는 익숙한 일, 숙련된 일 외에는 도전하기를 주저하며 종종 새로운 일을 해야만 할 때는 수없이 많은 계획을 세우고서야 비로소 시작합니다. 가끔은 너무 많은 계획을 세운 나머지 무엇부터 해야 할지 모를 때도 있습니다.

위의 두 가지 예는 완벽과 완벽주의를 분간하기 위해 든 것입니다. 엘론 머스크가 완벽을 지향하는 사람이라면, 리쿤은 완벽주의를 추구하는 사람입니다.

완벽을 지향하는 사람 vs 완벽주의를 추구하는 사람

대체 둘 사이에 어떤 차이가 있기에 두 사람의 인생이 완벽히 달라졌을까요?

완벽을 지향하는 사람은 발전을 갈구하고, 완벽주의를 추구하는 사람은 안정에 집착합니다.

완벽을 추구하는 사람들은 계속해서 새로운 목표를 설정하고 발전을 거듭합니다. 타인의 시선보다는 자신의 열정과 재능에 온 관심을 쏟습니다. 불가능한 일에 도전한다며 비웃음을 살지라도 아랑곳하지 않고 1%의 가능성에 도전합니다. 그리고 100%의 성공을 향해 풍파를 헤치고 나아갑니다.

반면 완벽주의를 추구하는 사람들은 완벽해 보이기만을 원합니다. 그들에게 있어 완벽은 불안의 반대말이라 할 수 있습니다. 자신의 마음이 더 이상 불안하지 않으면 그것이 곧 완벽한 상태라고 생각합니다. 바닥에 떨어져 있는 머리카락 한 올, 나도 모르게 내뱉은 말실수 따위가 그들에게는 신경증을 일으킬 만한 문제입니다. 완벽주의자들은 심리적으로 편안한 환경이 조성되면 그 상태가 흐트러질까 두려워 좁은 생활 반경 안에 자신을 가둬놓습니다.

당신도 완벽주의를 추구하는 것은 아닌가?

다음에 해당한다면 당신도 완벽주의 위험 주의보!

☐ 실수할 바에는 아무 일도 하지 않는 편이 낫다고 생각한다.

☐ 헝클어지거나 흐트러진 것은 참을 수 없다.

☐ 어떤 일을 하기 전, 돌발상황과 변수들을 고려하여 최대한 많은 계획을 세
   운다.

☐ 불가피한 이유로 누군가와 경쟁하게 된다면, 무조건 이겨야 한다고 생각
   한다.

☐ 계획하지 않은 일이 발생하면 화가 나 견딜 수가 없다.

☐ 계획하지 않은 일이 발생하면 가슴이 심하게 두근거리며 식은땀이 흐르거
   나 초조함을 느낀다.

☐ 옷차림이나 화장, 머리 모양이 마음에 들지 않으면 일이 손에 잡히지 않
   는다.

☐ 사소한 일도 쉽게 넘기지 못하는 편이다.

☐ 까다롭다거나, 함께 일하기 힘든 사람이라는 평가를 받아본 적이 있다.

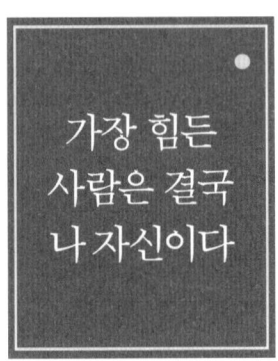

가장 힘든
사람은 결국
나 자신이다

완벽주의자의 특징은 다음과 같습니다.

그들은 실패를 용납하지 못합니다. 자신은 물론이고 가까운 사람의 실수 또한 받아들일 용의가 없습니다. 타인을 쉽게 믿지 못하며, 세심하고 꼼꼼하지만 지나치게 까다롭다는 평판을 받습니다. 그들은 목표와 기준은 높을수록 좋고 성과는 무조건 겉으로 드러나야 한다고 생각합니다. 자신감에 차있는 듯 보이지만 내면은 자신에 대한 의심과 불안으로 가득 차있습니다.

그로 인해 긴장과 초조에 시달리며 조금만 실수해도 심한 좌절감에 빠집니다. 행동과 생활방식을 변화시키길 극도로 주저하며 항상

해오던 판에 박힌 방식을 고수합니다. 큰일이든 작은 일이든 결점 없이 해내야만 편안함을 느낍니다.

겉으로 보기에 완벽주의자들은 자신의 일을 깔끔하게 해내고 자기 관리에 철저한 듯 보이지만, 실상 내면에는 스트레스가 가득합니다.

어린 시절 장위는 과체중의 소녀였습니다. 학교 친구들로부터 뚱뚱하다고 놀림받는 것이 일상이던 장위는 인정받기 위해 온갖 노력을 다했습니다. 학창 시절 내내 그녀는 좋은 성적을 받았고, 손꼽히는 명문대학교에 진학했으며, 대학에 간 후에는 살을 많이 빼서 날씬하다는 말을 들을 정도가 되었습니다.

그렇게 성인이 되며 장위는 자신에게 엄격한 사람으로 자라났습니다. 조금이라도 살이 찌는 것은 참을 수 없었고, 경쟁에서는 항상 이겨야만 한다고 생각했습니다.

"상처받지 않기 위해 저는 남들보다 몇 배는 강한 사람이 되어야 했어요. 누구보다 나은 사람이 되어야만 가치를 인정받을 수 있었거든요."

위와 같은 장위의 말은 진심일지 모릅니다. 그러나 그녀의 생각은 틀렸습니다. 완벽주의로 인해 상처받는 것은 결국 완벽주의자 그 자신입니다.

　장위는 친구들과 함께하는 맛있는 식사의 즐거움을 몰랐습니다. 완벽한 남자를 찾다 보니 연애를 해본 적도 없어 여전히 솔로죠. 승패에 연연하다 보니 경쟁자에게 유리한 상황을 참을 수 없었고, 자신뿐만 아니라 주위 사람들의 작은 실수도 참아 넘기지 못했습니다. 그런 그녀 곁에 어떻게 사람이 머무를 수 있을까요?

완벽주의로 인한 비극

우리는 2등은 소용없다는 교육을 받으며 자라왔습니다. 다른 가능성이 없는 사회에서 기억되는 것은 오로지 1등뿐이라는 이야기를 귀에 못이 박이도록 들었습니다. 최고가 되지 않으면 인정받지 못했습니다.

　이러한 영향으로 99가지를 잘해도 1가지를 잘못해서 칭찬받지 못하고 크는 아이들이 너무도 많습니다. 부모들은 칭찬보다는 질책이 아이를 발전시키리라 생각하지만, "그거 하나 똑바로 못해?"라는 말을 듣고 자라난 아이들은 단지 부모의 기대에 부응하기 위하여 노력할 뿐입니다. 그러한 아이들은 기대 이상의 성장은 이뤄내지 못합니다. 예상 밖의 행동이나 생각 때문에 질책당할 것이 두려운 것입니다.

그 결과 철저함을 추구하는 고집스럽고 보수적인 인간으로 자라납니다. 심한 경우 결점을 들킬까 전전긍긍하며, 남들이 자신을 어떻게 생각할지 걱정하느라 신경 불안 증세를 보이게 됩니다.

이처럼 모든 면에서 완벽하게 보이기를 원하는 심리는 불안과 공포에서 비롯된 것입니다. 완벽주의자의 지나친 승부욕은 역설적으로 실패를 견디지 못하게 합니다. 그로 인해 완벽주의자는 모험과 도전, 새로운 경험으로부터 자신을 격리시킵니다. 남의 시선이란 감옥에 갇혀 주도적인 삶을 살 기회를 스스로 없애버리는 것입니다.

완벽해야만 사랑받을 수 있다고 생각하기에 있는 그대로의 모습으로 사랑할 기회를 상실합니다. 본래의 자신 그대로 살아갈 엄두를 내지 못합니다.

이것은 완벽주의가 빚어내는 참사입니다.

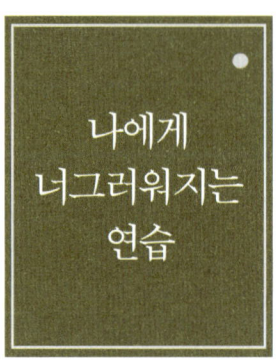

나에게
너그러워지는
연습

당신이 완벽한 사람이든 아니든 다른 사람들은 신경 쓰지 않습니다. 당신에게 별다른 관심이 없기 때문입니다. 사람들은 생각보다 훨씬 더 남에게 무관심합니다. 남이 무슨 옷을 입었으며 어떤 신발을 신었는지, 화장은 어땠으며 머리 모양은 단정했는지 등을 마음에 담아 두는 사람은 거의 없습니다.

당신은 남에게 어떻게 보일지 하루 종일 전전긍긍하겠지만, 단언하건대 오늘 당신과 마주친 사람 중 대다수는 당신을 기억조차 하지 못할 겁니다. 이 사실을 알면 남의 시선에 대한 불안감을 줄일 수 있습니다. 조금 더 자연스럽게 행동할 수 있게 될 것입니다.

다음은 마음속 완벽주의를 덜어내고 자신에게 위안을 주는 말들입니다. 이러한 말들을 마음에 새김으로써 스스로를 괴롭히던 엄격함으로부터 벗어나길 바랍니다.

"최고가 아니어도 괜찮다"

타인의 눈에 비친 모습이 아름답고 완벽하기를 원하나요? 완벽주의자들은 주위 사람들보다 뛰어나야 한다는 강박관념을 가지고 있으며, 그들 사이에서 최고가 되기를 원합니다. 그러면서 은근히 허술하고 무능한 주변 사람들보다 자신이 낫다는 생각에 만족을 느끼기도 합니다.

이 같은 당신의 드높은 자존심은 사실 속이 빈 허영심에 불과합니다. 완벽주의를 추구하기에 오히려 편안하고 자유롭게 나다운 삶을 살 기회를 놓치고 있습니다.

첫 번째 단계는 이러한 사실을 인정하는 것입니다. 결점이 있어도 괜찮습니다. 그럼에도 불구하고 당신은 소중한 존재니까요. 최고여서 사랑받는 것이 아니라 그저 당신 자신이기 때문에 사랑받아 마땅합니다. 최고가 되어야만 한다는 속박으로부터 자신의 마음을 해방시키십시오.

"나는 대단한 사람이 아니며 대단할 필요도 없다"

완벽주의자는 자신을 가혹하게 대하는 경향이 있습니다. 그러나 사람이 정해진 규칙 안에서만 살 수는 없는 법입니다. 의외성은 인생의 섭리이며 사람이라면 누구나 실수를 합니다. 보통의 사람들은 이 사실을 쉽게 수용하지만, 완벽주의자는 현실과 이상의 괴리로 인해 괴로워하게 마련입니다.

하늘의 별과 같은 존재가 되기를 원하나요? 당신은 그렇게 대단한 존재가 아닙니다. 한 명의 평범한 인간일 뿐입니다. 대단한 사람이 아니고, 대단할 필요도 없습니다. 이제 마음의 짐을 내려놓고 다른 사람들과 마찬가지로 소박한 삶의 기쁨을 나누십시오.

"이만 하면 되었다"

매듭짓지 못한 일은 아무리 훌륭해도 미완의 상태에 불과합니다. 완벽주의자들은 99%를 해내고도 남은 1%를 채우지 못해 걱정하고 고민합니다. 그래서 잘해놓고도 마무리를 못 해 용두사미로 끝나는 일이 태반입니다.

모든 일을 다 잘하려는 욕심을 버리십시오. 완벽이란 환상임을 인정하고, 이제까지 해온 일을 한 발 떨어져서 점검해 보십시오. 완벽주의적인 욕심이 아니라 객관적인 시각으로 점검함으로써 일을 매듭지을 시점을 알 수 있을 것입니다.

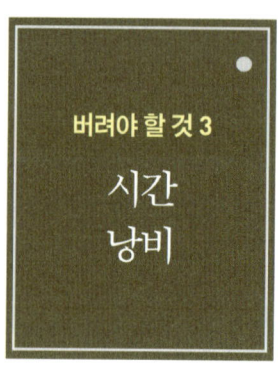

버려야 할 것 3

시간 낭비

인생은 유한한 것입니다. 한정된 인생 속에서 우리는 나 자신을 위한 시간을 가지기 위해 최선을 다해야 합니다. 이것은 자주적인 삶을 살기 위한 기본적인 태도 중 하나입니다. 나다운 삶을 살기 위해서는 나다운 것을 찾을 시간이 필요하고, 내가 좋아하고 잘하며 사랑하는 일들에 정력을 쏟을 시간이 필요합니다.

이런 사실을 잘 아는 사람들조차 "너무 바빠서 나를 위해 쓸 시간이 없다"고 말하기 일쑤입니다. 그러고는 '무엇이 그리 바빴냐'고 물으면 다음과 같이 대답하는 것입니다.

"딱히 한 일도 없는 것 같은데 벌써 반나절이 지났단 말이야."

"잡다한 일들을 처리하느라 정신이 없어."

"하나하나 내가 직접 챙기지 않으면 마음이 놓이지 않아."

우리에게서 여유를 박탈하고 쉼 없이 원형 트랙 위를 걷게 하는 또 다른 족쇄는 바로 '무슨 일이든 최선을 다해야 한다'라는 생각입니다. 어려서부터 이를 미덕으로 여기고 자신의 시간을 의미 없는 사소한 일들에 허비하는 사람이 수없이 많습니다. 이 구태의연한 사고방식을 인해 사람들은 온갖 자질구레한 일에 시간을 뺏기고 있습니다.

결과와 직결되는 20%에 집중하라

80/20 법칙이라는 것이 있습니다. 이름만 들으면 거창하고 어려운 개념일 듯하지만, 내용은 단순한 진리에 가깝습니다. 결과 80%를 만드는 것은 원인의 20%에 불과하다는 것입니다.

예를 들어, 백화점 매출의 80%는 불과 20% 고객의 주머니에서 나옵니다. 존재하는 부(富)의 80%는 인류의 20%가 차지하고 있습니다. 이 법칙은 '상류층 20%가 이탈리아 전체 부의 80%를 차지한다'

고 주장한 이탈리아의 학자 빌프레도 파레토의 이름을 따 파레토의 법칙이라고도 부릅니다.

파레토의 법칙은 당신이 하는 일 중 실제로 결과에 결부되는 일은 20%에 불과하다는 사실을 알려줍니다. 나머지 일들은 굳이 따지자면 '하지 않아도 되는 일'일 가능성이 높습니다. 모든 일에 최선을 다할 필요는 없는 것입니다.

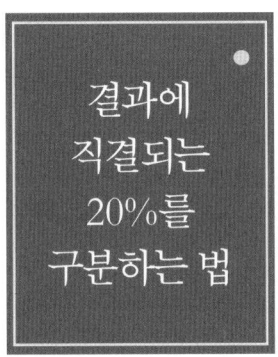

결과에
직결되는
20%를
구분하는 법

결과에 결부되는 일이 무엇인지 즉각 판단이 서지 않을 수도 있습니다. 지금 당신이 시간을 쏟고 있는 일 중 성과와 직결되는 20%는 과연 무엇일까요? 그리고 어떠한 일을 우선적으로 해야 할까요? 업무 중요도를 파악하는 질문들을 통해 알아볼 수 있습니다.

급한 일인가?

지금 혹은 근시일 내에 처리하지 않으면 안 되는 일인가? 혹시 상품/서비스에 치명적인 영향을 미칠 수 있는 문제는 아닌가?

이익을 창출하는 업무인가?

업무는 성과를 내야 하며, 기업에서 성과는 이익과 직결된다. 이익이란 두 가지로 나뉜다. 매출을 확대할 수 있는 일인가, 혹은 원가를 절감할 수 있는 일인가? 두 경우 중 하나에 해당한다면, 그럼으로써 증대시킬 수 있는 이익의 규모는 얼마인가?

투여되는 노동 시간은 얼마인가?

시간이 얼마나 소요되며, 투자 시간 대비 그만큼의 이익 가치가 있는 일인가? 아주 단순하게 파악하려면, 앞선 질문을 통해 추산한 이익을 총 투자 시간으로 나누면 한 시간당 부가가치가 계산된다. 이로써 투자 시간 대비 생산성이 있는 일인지를 파악할 수 있다.

다른 팀(팀원)과 연계되어 있는 업무인가?

지금 혹은 근시일 내에 처리하지 않을 경우 다른 팀(팀원)의 업무에 영향을 미칠 수 있는가?

봉착한 문제들과 업무 목록을 적어놓고 앞의 질문에 답해 봅시다. 그러고 나면 다음 질문에 대답할 수 있을 것입니다.

'가장 중요한 일과 덜 중요한 일, 그리고 그만두어야 할 일은 무엇인가?'

당신이 꼭 하지 않아도 되는 일, 가치는 적은데 시간은 많이 소요되는 일, 당장 하지 않아도 상관없는 일 등은 당신의 업무에서 별로 중요치 않은 80%에 해당합니다. 다시 말해 결과에 영향을 미치지 않는 80%입니다. 이러한 일들이 무엇인지 확인하고, 관련된 업무를 줄여나갑시다. 가능하면 뒤로 미루거나 취소하는 편이 좋습니다.

가짜 업무와 진짜 업무를 분류하는 3단계 방법

오늘도 산적한 문제들 앞에서 무엇부터 손을 델지 몰라 헤매었나요? 일상 중에 이렇게 버리는 시간이 허다합니다. 이렇게 버려지는 시간을 효과적으로 사용하면 생활의 질을 향상시킬 수 있습니다.

앞의 질문들을 종합하여 바로 적용할 수 있는 3단계 업무 분류법을 만들었으니 활용해 보십시오.

무엇을 하고, 무엇을 하지 않을 것인가?

먼저 일의 목록을 적는 것부터 시작한다. 기왕이면 일의 목록을 카드로 만드는 것이 좋다. 그리고 다음의 순서대로 처리 순서를 매긴다. 매 단계마다 3번은 버리도록 한다.

1단계. 긴급도에 따라 분류한다

❶ 지금 당장 처리해야 할 일

❷ 오늘 중으로 처리해야 할 일

❸ 기타 (예. 내일로 미뤄도 크게 지장이 없는 일)

2단계. 기여도에 따라 분류한다

❶ 매출 또는 서비스에 직접적인 영향을 미치는 일

❷ 나의 평판 또는 업무평가에 영향을 미치는 일

❸ 기타 (예. 개인적으로 부탁을 받은 일, 의례적인 일상 업무)

3단계. 시간 소비에 따라 분류한다

❶ 반나절 안에 마칠 수 있는 일

❷ 하루 이상 걸리는 일

❸ 기타

이상의 분류 결과 최종적으로 남은 것이 0순위 업무입니다. 이렇게 해서 생활을 단순화하면 반드시 수행해야 할 당신의 '진짜 업무'에 집중할 수 있습니다. 목표 달성이나 성과와 거리가 먼 일들, 시간을 너무 많이 할애하는 일들은 일단 치워놓고 자신에게 가치 있는 업무에 힘을 쏟을 수 있습니다.

업무 목록이나 카드를 이용해 이처럼 버려도 좋은 '가짜 업무'들을 선별해내는 것은 늘 응용할 수 있는 훌륭한 시간 활용법 중 하나입니다. 약속이나 미팅 또한 같은 방법으로 분류할 수 있습니다.

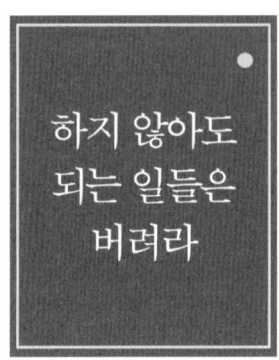

하지 않아도
되는 일들은
버려라

시간은 돈을 주고 살 수 없습니다. 그러므로 낭비하지 않는 것이 곧 버는 것이 됩니다. 그러나 사람들은 자신이 언제 어떤 방식으로 시간을 허투루 쓰는지 파악조차 제대로 하지 못합니다. 한참이 지난 후 돌아보면 '그런 식으로 시간을 흘려보내지 말 것'하고 후회하는 것입니다.

시간 낭비를 미리 막는 가장 좋은 방법은 당신에게 들어오는 잡다한 일들을 물리치고 의미 없는 회의와 만남을 피하는 것입니다. 시간 관리를 잘하는 사람들은 가능하면 회의를 피하며 사교 활동도 최소화합니다.

만약 흥미를 느끼지 못하는 일을 부탁받았다면 단호하게 다음과 같이 말할 수 있어야 합니다.

"죄송하지만, 당신을 도와드릴 방법이 없습니다."

동료들과 핵심 업무를 협의하라

매일 할 일이 넘쳐나고 밀려드는 업무에 정신이 없다면, 당신의 핵심 업무에 관해 동료들과 협의할 필요가 있습니다.

당신의 일 중 가장 공헌도가 높은 몇 가지 일을 확정하고, 현재 어떤 일과 활동에 가장 시간을 소비하고 있는지를 파악해야 합니다. 그리고 그 일이 업무에 도움이 되는지 안 되는지를 분명히 하십시오. 저녁 시간까지 반납하며 처리한 일들은 정말 그만큼의 가치를 가진 일이었습니까? 다른 회사나 다른 사람이 해도 되는 일까지 처리하느라 자신의 시간을 빼앗기진 않았습니까?

그다음에는 가치가 낮으면서 시간은 많이 소요되는 일들이 업무 효율성에 미치는 영향에 관해 사장이나 부서장, 동료들과 대화를 나눌 필요가 있습니다. 중요하지 않은 일들로 인해 공헌도가 높은 주요 업무를 방해받고 있다면 단호하게 거부 의사를 밝히고 앞으로의 시간 관리 방안을 논의해야 합니다.

자신이 하는 일들의 가치를 판단하고 거기에 더욱 주의를 기울이십시오. 주어진 일에 최선을 다하는 것은 아름다운 태도이지만, 필요성을 이해하지 못한 채 일한다면 기계나 다름없습니다. 일을 시작하기 전에 먼저 '왜 내가 이 일을 해야 하는지' '내가 반드시 해야 하는 일인지' 생각하는 습관을 가져야 합니다.

그러면 업무 성과와 효율은 더욱 높아지고, 여가 시간은 늘어나 변화를 실감하게 될 것입니다.

내가 할 수 있는 일인가?

문구회사에서 20년간 근무한 왕 선생은 퇴직 후 자기 사업을 시작했습니다. 사업 초기 그는 '반드시 돈 벌어줄 아이디어가 있다'며 자신만만했다고 합니다. 오랜 시간 문구회사에서 일하며 제품 개발에서 영업까지 두루 경험했기에 불필요한 인건비와 공정 또한 줄일 생각이었습니다.

'확실한 사업 아이템을 가지고 있고, 이 업계라면 꿰뚫고 있으니 부자가 되는 건 시간 문제로군!'

그의 아이디어는 특수한 펜으로 칠해야만 글씨를 읽을 수 있는 소녀풍의 비밀 일기장이었습니다. 그는 최대한 비용을 아끼기 위하여 1인 기업가로 변신했습니다.

그로부터 2년이 지나 왕 선생은 제품을 출시했지만 결과는 절망적이었습니다. 모든 일을 혼자 해내려다 보니 상품을 만드는 데 너무 오랜 시간이 걸렸고, 그사이 다른 회사가 비슷한 상품을 만들어 이미 대 히트를 쳤던 것입니다. 게다가 그가 직접 컴퓨터를 배워가며 완성한 제품 디자인은 조악하기 이를 데 없었습니다. 돈을 아끼려는 욕심에 정작 돈 벌 기회를 놓치고 만 것입니다.

자기 능력 밖의 일을 하기 위하여 노력하는 것 또한 시간 낭비의 일종입니다. 할 수 없는 일을 파악하는 것은 하지 않아도 되는 일을 알고 물리치는 것만큼이나 중요합니다. 제대로 할 수 없는 일, 전문 분야가 아닌 일에 시간과 정력을 쏟아붓는 것은 무모한 행위입니다. 우리는 더욱 가치 있고 잘할 수 있는 일에 집중해야 합니다.

한편, 자신에게 없는 기술과 능력을 갖춘 타인의 도움을 받으면 곱절의 효과를 얻을 수 있습니다. 다른 사람의 도움을 구할 경우 당신의 재능과 능력은 더욱 두드러집니다.

지렛대 효과는 당신의 능력과 여가 시간을 급속하게 늘리고 곱절로 증가시켜 줄 것입니다. 집단지성은 개인의 지성보다 더 강력하고 현명하며 효율적입니다. 내게 없는 재능을 타인의 힘을 빌려 사용하면 지렛대 효과를 기대할 수 있으며, 나아가 나의 능력을 키워나가는 데도 도움이 됩니다.

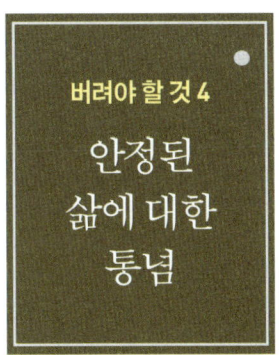

버려야 할 것 4

안정된
삶에 대한
통념

많은 시간을 투여해도 보수는 적은 직종일수록 사람들은 자신의 시간과 정력을 돈과 교환하게 됩니다. 그러나 아무리 일해도 형편은 나아지지 않습니다. 노동 시간에 비례해 수입이 증가하던 1차 함수식 수입 형태가 달라졌기 때문입니다.

그러므로 만약 직장 생활자라면 직장 업무는 최소한의 시간과 정력으로 하고, 그 외의 시간에는 자신의 부가가치를 높일 방법을 찾아야 합니다.

세상이 달라졌다, 규칙이 바뀌었다

과거에 직장생활은 40-40-40의 규칙이 통용되었습니다. 주 40시간 씩 40년을 일하면 회사로부터 40달러짜리 은퇴 선물을 받게 되는 것이 평범한 직장생활이었죠. 평균 수명이 지금처럼 길지 않았던 시절, 정년을 꼬박 채운 퇴직자는 남은 여생 소일거리 하며 은퇴 자금으로 걱정 없이 살 수 있었습니다.

지금은 어떤가요? 주 50시간씩 50년을 일해도 생활의 질은 젊은 시절의 반(50%)으로 떨어집니다. 노동 시간은 늘어났고, 기대 수명이 늘어 퇴직 후에도 10년을 더 일해야 하지만 자녀 교육에 들인 비용과 물가상승 등으로 노후 생활은 빈곤합니다. 즉, 50-50-50의 규칙이 적용되는 사회인 것입니다.

이런 현실에서 돌파구를 찾을 방법은 무엇일까요?

대부분의 사람들이 젊은 시절 최대한 돈을 모아 노후를 대비하려 합니다. 그러나 이는 젊은 날의 시간과 정력을 담보로 하는 일이며, 저축이나 투자를 통한 수익률이 물가상승률을 넘어서리란 확신이 있어야 가능합니다. 평균 수명만큼 혹은 그 이상 생존해야만 의미가 있는 방식이기도 합니다. 인생에서 맞닥뜨리게 되는 돌발적인 변수들 또한 고려되지 않기에, 건강상의 위험이나 재난, 사고를 만나 그르칠 수 있습니다.

50-50-50의 테두리 안에 있는 것이 당장에는 안정적인 듯 보이나 이는 심리적인 위안에 불과합니다. 누구나 이대로 살다가는 미래에 풍요와 행복을 누리기 어렵다는 것을 압니다. 우리 모두가 사실은 내면 깊은 곳에서 현실을 직시하고 있습니다.

그러므로 우리에게 필요한 것은 가능한 빠른 시기에 규칙 밖으로 나올 준비와 용기를 갖추는 것입니다.

인생의 발전 속도는 예측할 수 없습니다. 인생에서 벌어지는 지렛대 효과는 매년 10%, 20%라는 식으로 정확한 수치로 계량화될 수 없는 것입니다. 임계점을 넘어서 눈에 띄는 성과가 나타나기까지 얼마의 시간이 걸릴지 평범한 사람으로서는 알 수 없습니다. 그러므로 대부분의 사람이 더 나아질 수 없다는 걸 알면서도 50-50-50의 규칙 속에서 벗어나질 못합니다.

부와 행복, 자유로운 삶을 원한다면 용기가 필요합니다.

우리는 평범한 것이 가장 좋은 것이라고 배워왔습니다. 성인이 되어서는 안정적인 직장과 수입이 인생의 목표였습니다. 그러나 바뀐 세상에서는 과거의 규칙이 통용되지 않고, 아무리 큰 대기업도 미래를 보장해주지 못합니다. 규칙이 바뀐 세상에서, 어쩌면 당신은 안정된 삶에 대한 오래된 통념의 족쇄에 묶여 있는 것은 아닌가요?

50-50-50의 규칙에 갇히면 세상에 끌려가는 삶을 살게 됩니다. 그 규칙 안에서는 아무리 발버둥 쳐도 원하는 삶을 살 수 없습니다. 풍족하거나 행복한 삶과는 거리가 멀어집니다. 최대한 빨리 기존의 규칙 밖으로 벗어나 살길을 도모하는 것이야말로 장기적인 시간 낭비를 줄이고 성공을 앞당기는 방법입니다.

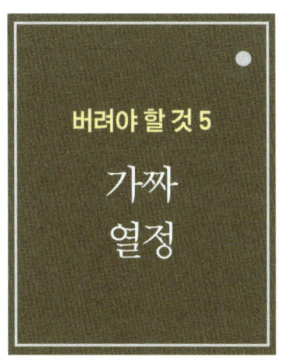

버려야 할 것 5

가짜
열정

열정은 하지 않고도 못 배기는 절실함과 의욕, 몰입을 동반합니다. 보통의 경우 긴장감을 반기는 사람은 드물지만, 열정으로 가득할 때는 긴장감마저 즐기게 됩니다. 클라이맥스를 향해 고취되는 흥분 상태가 되는 것입니다. 똑같이 손에 땀이 나더라도 기분 나쁜 초조함이 아니라, 스릴 있는 체험이 됩니다. 꼭 업무나 공부와 관련된 것이 아니라도 좋습니다. 누군가를 사랑하게 되었을 때, 열정적으로 변하고 희열을 만끽했던 경험을 떠올리면 이해가 될 것입니다.

이 같은 감정은 외부로부터 주어지는 것이 아닙니다. 강요한다고 해서 생겨나는 것도 아닙니다. 진실로 내가 원하는 것이 무엇인지 알고, 그것을 갈구하는 과정에서 내면 깊숙한 곳부터 끓어오르는 것입니다.

취직이나 승진, 각종 시험을 앞두었거나 인생의 기로에 선 사람들은 열정을 고취시키기 위해 노력합니다. 우리는 '열정만 있으면 못할 일이 없다'고 배워왔습니다. 그러므로 마음을 다잡고 의욕을 불러일으키기 위해 애씁니다.

그러나 시간을 쏟는다고 해서 열정이 생기는 것은 아닙니다. 외부와의 연락을 끊고 고립된 상태에서 철저히 그 일에 몰두하는 것이 곧 열정은 아닌 것입니다. 최선을 다하고 있음에도 성과가 나지 않고 마음이 점점 무거워질 뿐이라면, 당신은 열심과 열정을 착각하고 있음에 틀림없습니다.

'열심'은 행위입니다.
'열정'는 감정입니다.

'열심'은 관리할 수 있습니다.

'열정'은 나도 모르게 솟아오르는 것입니다.

자신을 탐구하지 않는 사람은 열정의 대상을 찾을 수 없습니다. 의욕을 불러일으키기 위해서는 나의 내면을 안정시키고, 정비해야 합니다.

가짜 열정과 진짜 열정

스물다섯 살의 다웨이와 지앤핑은 대학 동기입니다. 두 사람은 대학 졸업 후 2년을 무직으로 지냈습니다. 그러나 그간 두 사람의 행보는 사뭇 달랐습니다.

2년간 다웨이는 구직난을 몸소 체험했습니다. 서류에서 탈락하거나, 면접을 보더라도 번번이 낙방했기 때문입니다. 그럼에도 그는 항상 활기차고 의기양양한 모습입니다. 그는 백수로 지낸 기간을 의미 있게 보냈다고 자부합니다. 외국어시험과 각종 응모전에 도전하여 높은 성적을 얻었고 각종 자격증 시험에도 합격했습니다. 다웨이가 생각하는 자신의 장점은 무엇이든 열정적으로 해낸다는 것입니다. "열정적으로 일하겠습니다!"

"저의 강점은 열정입니다. 어떤 일이든 열정을 가지고 임하겠습니다!"

입사 면접을 볼 때면 그는 큰 목소리로 외치곤 합니다.

반면 지앤핑은 게임에 푹 빠져 살았습니다. 밥 먹는 것도 잊고 게임에 몰두하더니 얼마 전에는 없는 돈을 털어 한정판을 구매했습니다. 구직 활동은 하는 둥 마는 둥 한 모습에 다웨이는 지앤핑을 볼 때마다 한심하다고 생각합니다. 그럼에도 지앤핑은 자신의 생활에 만족하며 취미 생활을 즐겼고, 얼마 후에는 그토록 열망하던 게임회사에 입사했습니다.

열정은 내적인 동력으로 노력해서 만들어낼 수 있는 것이 아닙니다. 그러므로 '무엇이든 열정적으로 하겠다'는 것은 이치에 맞지 않는 말입니다. 다웨이가 외치는 열정은 진정한 열정이라기보다는 불안감에서 비롯된 헝그리 정신에 가깝습니다. 무슨 일이든 하지 않고는 견딜 수 없기에 해면에 스며든 물을 쥐어짜듯 자신의 정력을 쥐어짜는 것을 열정이라 여기는 것입니다. 이것은 학습된 열정이며 가짜 열정이라고 할 수 있습니다.

가짜 열정에 사로잡힌 것은 아닌가?

한 가지라도 체크한다면, 지금 하고 있는 일에 대해 진정으로 열정을 가지고 있는지 되돌아보라.

- ☐ 열심히 하고 있지만 통 의욕이 샘솟지 않는다.
- ☐ 일이 잘 풀리지 않을 땐 헛수고만 한 것 같아 속상하다.
- ☐ 이 일을 하지 않으면 도태될 것 같아 불안하다.
- ☐ 이 일을 하는 이유는 외적인 상황을 호전시키기 위해서이다.
- ☐ 목표에 도달해도 흥분이나 경이가 느껴지지 않는다.

가짜 열정으로 열심히 살면 사회가 원하는 인재상에 가까워질지 모릅니다. 그러나 인생을 사는 동안 진정한 몰입과 희열을 맛볼 수는 없습니다.

열정을 발견한 사람은 원형 트랙의 쳇바퀴 인생을 넘어 삶의 진정한 목표를 발견하고 주인 되는 삶을 살 수 있게 됩니다. 그러기 위해서는 자신이 가지고 있는 달란트(타고난 자질)를 확인하고, 사고의 깊이를 더해가며 자신과의 대화를 나누어야 합니다.

"진실은 스스로 깨달아야 하는 것이다. 결코 남이 알려줄 수 없다"는 갈릴레오 갈릴레이의 말처럼, 내면의 진실은 본인만이 찾을 수 있는 것입니다. 잠에서 깨어나는 것은 순전히 자신의 몫입니다.

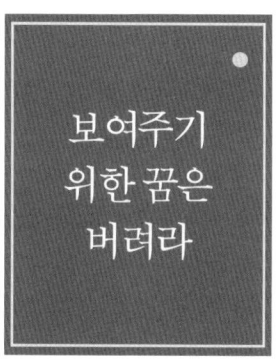

**보여주기
위한 꿈은
버려라**

인생에는 정답이랄 것이 없습니다. 수많은 선택지 중에 나에게 가장 좋은 것을 찾아 나가는 과정이 바로 인생이기 때문입니다. 남에게는 적합한 답안이었던 것이, 내게는 아닐 수도 있는 것이 인생입니다.

그러나 사회는 이러한 진리에 한쪽 눈을 감은 채로, 마치 정답인 듯 본보기를 제시합니다. 사회가 신세대에게 강요하는 답안이란 이런 것들입니다.

높은 스펙

학벌과 학력, 수상경력과 각종 자격증, 시험 점수 등.

외모

아름답거나 단정하거나.

좋은 직장

복지와 연봉 수준이 높고, 누구나 들어보았을 법한 직장.

안정된 가정

적령기가 되면 가정을 꾸리고 집을 장만하고 아이를 낳을 것!

수많은 청년이 기성세대가 제시하는 이러한 답안을 인생의 정답으로 착각하고 있습니다. 이것을 충족해야 성공할 수 있고, 또한 이것이 충족되어야 성공한 인생이라는 것입니다.

여기에 경도된 많은 청년이 위와 같은 조건을 열렬히 좇으며 그것을 열정이라 여깁니다. 그리하여 "당신의 꿈은 무엇입니까?"란 질문에 '좋은 직장을 가지는 것' '안정된 회사에 취업하여 정년을 채우고 퇴직하는 것' '가능한 이른 나이에 집을 마련하는 것' '국가고시에 합격하는 것'이라고 대답하는 비극이 벌어집니다.

꿈이란 그런 것이 아니다

'꿈'이란 이상향입니다. 이루어질 수 없거나 이루기 어렵기에 꿈이라고 하는 것입니다.

생존하기도 버거운 세상에 이상향이라니 어불성설로 여겨질 수도 있습니다. 그러나 인간으로 태어난 이상 꿈이란 소중한 존재이며, 누구라도 꿈을 잃지 말아야 합니다. 실현 가능성을 차치하고, 꿈은 그 자체로 성장의 원천이기 때문입니다. 꿈은 가닿기 어려울 때 비로소 의미가 있습니다. 그래야만 스스로 상상한 것 이상의 인간으로 성장할 수 있습니다.

끼니를 거르며 늦은 밤까지 사무실을 나서지 못하는 이유가 단지 평범한 삶을 살기 위해서라면 인생이 고달플 수밖에 없습니다. 자신을 던져가며 이루고자 하는 일이 겨우 타인과 인생의 보폭을 맞추기 위해서라면, 언젠가 앞서 나가는 사람을 보면 허무함을 느끼지 않을까요?

사회가 제시하는 답안을 향한 부단한 노력은 열정이라기보다는 불안에 가깝습니다. 열심히 달리지만 그 발걸음은 타인과의 비교,

미래에 대한 걱정, 부모와 친지들의 기대로 인하여 무겁기만 합니다.

반면에 진실된 열정은 긴장조차 즐기게 합니다. 주위 사람들이 만류하여도 도저히 멈출 수 없게 만드는 카타르시스가 존재합니다.

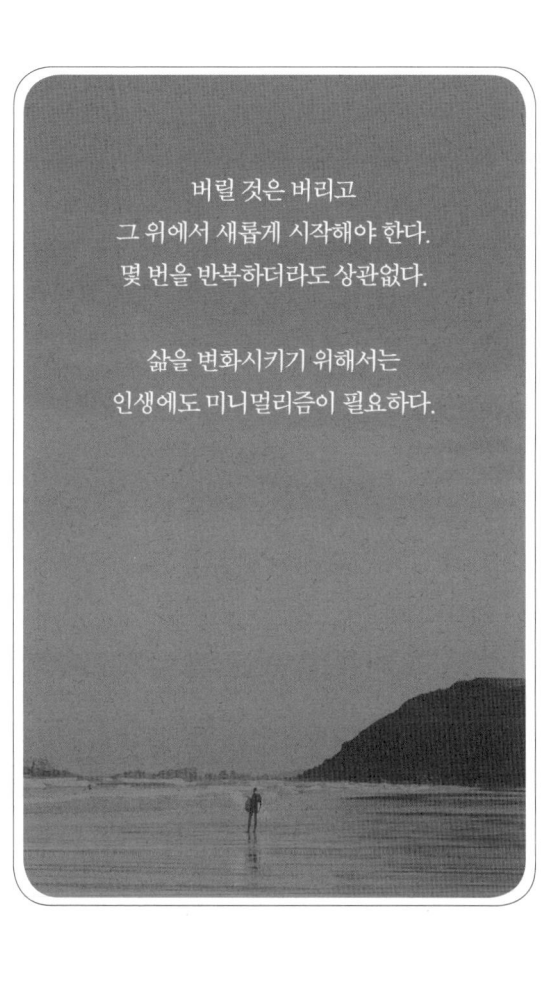

버릴 것은 버리고
그 위에서 새롭게 시작해야 한다.
몇 번을 반복하더라도 상관없다.

삶을 변화시키기 위해서는
인생에도 미니멀리즘이 필요하다.

PART 02

원하는 나를 만드는 힘, 자발성

자발성自發性 [명사] 내면의 원인과 힘에 의하여 결정하고 움직이는 능력

나는
마음 먹은 만큼
승리할 수 있다

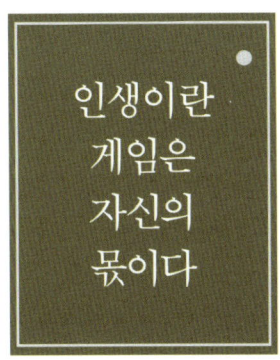

인생이란
게임은
자신의
몫이다

세상에 능력 있는 사람은 많지만, 자주성과 자발성을 가지고 능력을
사용하는 사람은 많지 않습니다.

앞서 자주성이란 인생의 주인 자리를 되찾고, 자기 인생의 설계자
가 됨으로써 나다운 삶을 사는 힘이라고 말했습니다. 그렇다면 자발
성은 무엇일까요?

자발성이란 한 마디로 '원해서 하는 힘'이라고 할 수 있습니다. 내적
동기를 가지고 자기실현을 위해 발휘하는 능력입니다. 내가 누구인
지를 알고 어디로 나아갈 것인지 결단하는 능력이기도 합니다.

자발성은 모든 것을 포기하고 싶을 때도 자신을 잃지 않고 용기를 발휘하게끔 합니다. 불평하지 않으며, 자신의 본 모습을 사랑하고, 타인을 존중하는 것입니다.

또한 자발성은 자신을 속이지 않고 정직하게 인생에 임하도록 합니다. 내 것을 남에게 기꺼이 주도록 하며 그럼에도 미련을 가지거나 보상을 바라지 않습니다. 인내와 배포를 가지고 시기를 기다리게 하며, 큰 꿈에 근접하게끔 합니다.

자주성이 자신을 되찾는 방법이라면, 자발성은 나를 승리로 이끄는 힘이라고 할 수 있습니다. 소위 인생에서 승리한 사람들은 특출난 재능을 가지고 있거나 운이 좋아서 성공한 것이 아닙니다. 그들은 원하는 목표를 세우고 그 목표를 달성하기 위해 진심을 다했습니다. 누가 시켜서가 아니라 나 자신의 열정과 목표를 향해 기꺼이 험난한 길을 개척했습니다. 한 마디로 자주성과 자발성을 모두 갖추고 있었던 것입니다.

그러므로 지금 이 순간부터 자신을 제대로 인식하기로 결심하십시오. 복잡한 세상에서 자신의 진정한 욕구를 알고 자신만의 지론을 가지고 살아가는 사람과, 그때그때 외적 요구에 의하여 휩쓸려 가는 사람의 인생은 다르게 전개될 수밖에 없습니다.

철학자 볼테르는 인생을 카드 게임에 비유한 바 있습니다. 그의 말 대로 사람은 누구나 자신의 패를 가지고 태어납니다. 게임을 하기 위 해서는 주어진 패를 인정해야 합니다. 그러나 만약 이기기를 원한다 면 자신의 패를 정확히 알고 제대로 사용하기 위해 나만의 전략을 짜야 할 것입니다.

결국 이 게임은 나 자신의 몫인 것입니다.

그가 포기하지 않을 수 있었던 이유

전자상거래 업체 '알리바바' 제국을 세운 마윈은 소프트뱅크 손정 의 회장으로부터 2천만 달러를 투자받기 전까지 근 20여 년간 인터 넷 사업에서 실패를 거듭했습니다. 인터넷이 무엇인지조차 모르는 사람이 태반이던 시절, 그는 사기꾼으로 몰리기도 했습니다.

"상점 없이 물건을 사고판다는데? 그런 일이 가능할까?"

"어제 그를 만나서 투자를 부탁받았는데, 글쎄 자기가 이런 생각을 하고 있으니 돈을 좀 달라는 거야. 아무래도 사기꾼 같지 않아?"

실제로 이익을 거두지도 못한 데다, 인터넷 서비스라는 것이 실물로 보여질 수 있는 것이 아니다 보니 이렇게 의심받는 일이 빈번했습니다.

　그는 본래 잘 나가던 영어 강사였습니다. 사람들로부터 오해받고 의심까지 샀던 시절, 마윈이라 해서 안정된 직업으로 돌아가고 싶은 마음이 없었을까요? 인터넷 사업을 그만두고 다시 영어 강사가 된다면 그는 평범한 인생 규칙이 적용되는 세계로 돌아갈 수 있었습니다. 큰돈은 벌지 못해도 마음 편히 살 수 있었을 것입니다.

　어려웠던 시절, 흔들림 없이 자기 길을 갈 수 있도록 그를 지켜준 것은 '사람은 누구나 좋아하는 일을 해야만 최고가 될 수 있다'는 신념이었습니다. 마윈이 인터넷 사업에 열정을 가지고 있었던 덕분에 중국은 오늘날 세계에 자랑할 만한 전자상거래 기업을 가지게 되었습니다. 내면에서 솟아오르는 동기와 에너지로 추진하지 않았더라면 그는 오늘날과 같은 성공을 거둘 수 없었을 것입니다.

　당신에게도 목표가 있을 것입니다. 크든 작든 성취하고픈 꿈이 있을 것입니다.

　어떠한 난관에도 불구하고 일에 열중하면서 목표한 바를 반드시 이루고 싶습니까? 그렇다면 자발성을 키울 필요가 있습니다. 스스로 하는 힘을 키우지 않으면 작은 실패에 발목 잡혀 주저앉거나 시시각각 맞닥뜨리는 문제들에 무릎 꿇게 될 것입니다. 자신을 의심하고 잘못될지 모른다는 두려움에 머뭇거리다가 끝내 시작도 못 하고 포기할 확률이 높습니다.

새로운 도전을 시작하는 힘, 그리고 그 도전을 끝까지 계속해내는 힘을 키우고 싶다면 당신 내면의 자발성을 일으킬 방법을 궁리해야 합니다.

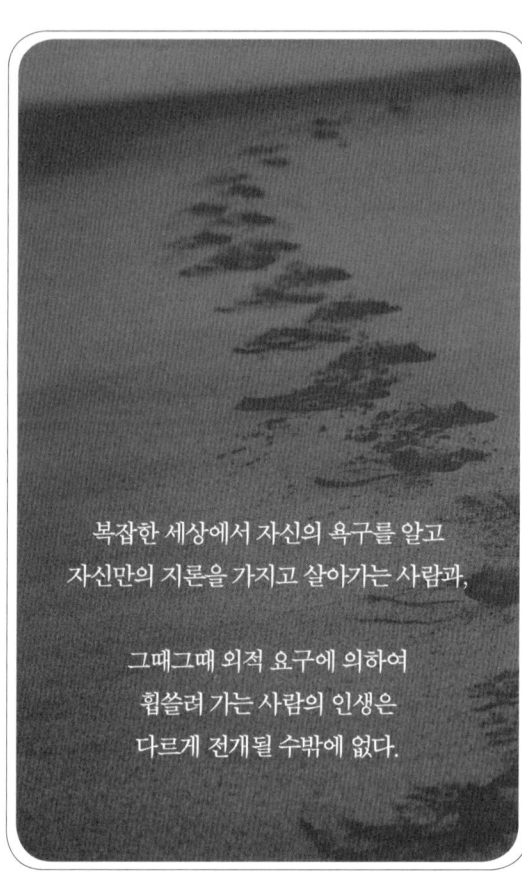

복잡한 세상에서 자신의 욕구를 알고
자신만의 지론을 가지고 살아가는 사람과,

그때그때 외적 요구에 의하여
휩쓸려 가는 사람의 인생은
다르게 전개될 수밖에 없다.

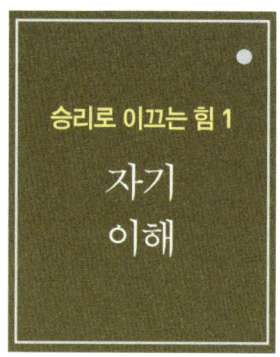

승리로 이끄는 힘 1

자기
이해

자발성을 점검하기 위해서는 자기 이해의 과정이 필요합니다. 이를 점검하기 위해서는 일과 생활 전반을 살펴볼 필요가 있습니다. 그리고 자신의 내면과 자기 자신에 대한 깊이 있는 대화를 나누어야 합니다. 다음과 같은 질문을 던지고, 그에 대한 답을 자기 안에서 찾아내야 합니다.

나는 어떤 상황에서 주로 열의를 가지는가?

나는 어떤 상황에서 의욕을 잃어버리는가?

가치 있는 일이라고 생각되는 것은 무엇인가?

나는 어떤 일을 하기를 바라는가?

이러한 자기 이해는 하루아침에 이루어지지 않습니다. 끊임없이 자신을 탐구하며 자아의 핵심을 향해 계속해서 접근해야 합니다.

나 자신에 대한 탐구를 시작하라

'도대체 나에 대해 뭘 탐구하란 말이야?'

'나는 별로 추구하는 가치가 없는데…'

'나는 아직 이십 대에 불과한데 인생관이랄 게 있을까?'

당신은 이렇게 생각하고 있을지 모릅니다. 그렇더라도 이상한 일은 아닙니다.

우리는 평생 '외부의 것'에 대해 공부했습니다. 자신에 대해 공부해본 일은 별로 없습니다. 성교육 시간에조차 남자는 여자에 대해, 여자는 남자에 대해 배웁니다. 자신의 신체에 대해 관심을 가져본 사람은 많지 않을 것입니다.

그렇게 자신은 그저 존재하는 채로만 인식해온 것입니다. 탐구 같은 것을 해보았을 리 만무합니다.

인생관이나 철학도 마찬가지입니다. 우리는 유명인사들의 인생관을 경구처럼 배웁니다. 학교에서는 이천 년 전부터 현대에 이르기까지 위대한 철학자들의 사상을 가르칩니다. 그러나 정작 이를 통해 자신의 인생관과 철학을 완성하는 법을 알지는 못합니다.

요즘은 신념이나 사상을 가진 청년을 발견하기가 더욱 어렵습니다. '이기면 그만' '많이 벌면 그만' '잘생기면/예쁘면 그만'이라는 풍조가 만연한 까닭입니다. 철학이나 가치관같이 눈에 보이지 않는 것은 경시되는 세상입니다.

이렇게 자신을 알지 못한 결과는 위험합니다.

첫째, 마음의 작동 방식을 알지 못하니 감정을 조절하지 못합니다. 쉽게 끓어오르고 쉽게 식어버리길 반복합니다. 화를 참지 못해 돌이킬 수 없는 사건을 저지르기도 합니다.

둘째, 성적과 외모 등에 대한 '가짜 열정'을 강요받다 보니 진정으로 원하는 것을 갈구하는 '진짜 열정'을 경험해 보지 못합니다. 열정을 만끽하는 것은 청춘의 특권이건만, 이 시대 청춘 대다수가 무엇이든 열심히 하지만 무엇에도 만족할 수 없어 텅 빈 것 같은 허무를 경험하고 있습니다. 그렇게 내면이 텅 빈 채로 나이를 먹어 점점 기성세대가 되어가는 것입니다.

　그러므로 앞 장에 이어 우리는 다시 학교에서는 가르치지 않는 것을 공부할 필요가 있습니다.
　그 어떤 시험이나 업무도 자신보다 중요하지 않습니다. 합격과 탈락, 승리와 패배, 이런 결과론적인 것들 중 무엇도 나라는 존재에 앞설 수는 없습니다. 내가 공략해야 할 가장 우선적인 문제는 바로 '나 자신'입니다.

사실은
낯선 존재,
나 자신

어느 친구가 연인에 관하여 하소연을 늘어놓았습니다. 먹고 싶은 것
을 물으면 대답하지 않으면서, 자신이 좋아하는 음식을 먹으러 가면
탐탁지 않아 한다는 것이었습니다. 어디에 가고 싶은지, 무엇을 하고
싶은지 물어도 마찬가지라고 합니다. 푸념하는 친구의 말에, 필자는
속으로 '아마 본인도 무엇을 먹고 싶고 무엇을 하고 싶은지 모를 것'
이라고 생각했습니다.

 이런 사람들이 뜻밖에 많습니다. 악의가 있다기보다는 자신에 대
해 잘 모르는 것입니다. 자신의 기호와 흥미에 관한 탐구를 해본 적
이 없기에 막연히 '좋다, 안 좋다'의 느낌만 있을 뿐 정확하게 의사 표

현을 하지 못합니다.

자신이 낯선 사람들

위의 예시는 정도가 심하다뿐이지, 특별한 경우는 아닙니다. 사실은 우리 대다수가 생각보다 자신을 잘 모릅니다. 한 마디로 나 자신과 친하지 않습니다.

좋아하는 음식이나 선호하는 영화 장르에 대해서는 바로 대답하는 사람이라도, '당신은 어떤 사람인가'라는 질문에는 쉽게 대답하지 못합니다. 심지어는 자신보다 친구나 배우자가 더 잘 파악하는 경우도 흔해서 주변인에게 물어보고서야 답합니다.

자신과 대화를 나눠본 경험도 많지 않습니다. 혼잣말은 종종 하겠지만, 심도 있는 대화를 통해 내면에서 해답을 찾으려 해본 이는 드뭅니다. 대화가 필요하면 친구를 찾고, 해답이 필요하면 멘토를 찾습니다.

나 자신과 관련하여, 친숙한 것은 매일 거울로 보는 자신의 얼굴뿐입니다.

심리상담을 진행하다 보면 '내게 이런 면모가 있었는지 몰랐다' '내가 이런 생각을 가지고 있는지 처음 알았다' '미처 인지하지 못했던 상처를 깨달았다'며 깜짝 놀라는 경우가 많습니다. 친한 친구나 배우자, 연인 등 남보다도 자신을 모르는 사람이 흔합니다.

만약 당신과 겉모습만 다른, 사실 알맹이는 당신과 똑같은 사람이 나타난다 해도 당신은 그를 낯설게 느끼지 않을까요?

설득하려면 친해져야 한다

무언가를 바꾸기 위해서는 설득해야 합니다. 예를 들어, 신혼부부는 마음에 들지 않는 생활 습관을 바꾸기 위해 오랫동안 서로 설득하는 과정을 거칩니다. 때로는 싸우고 화해하기도 하며, 자신의 입장을 어필합니다. 상대가 "그래, 바꿔볼게"라고 할 때까지 지속적으로 그런 과정이 반복됩니다.

나 자신을 바꾸는 것도 마찬가지입니다. 변화하고 싶다면, 왜 바뀌어야 하는지 그 이유와 방법을 자신이 납득해야 합니다. 그렇게 되기까지 생각보다 긴 시간이 걸릴 수도 있지만, 계속해서 자신과 대화하고 이해시키기 위해 노력할 필요가 있습니다.

만약 작심삼일로 끝난 일이 있다면 왜 이렇게 빨리 포기했는지 자신에게 물어야 할 것입니다. 당신의 표면의식은 막연하게 '바꾸고 싶다'고 생각했지만, 잠재의식까지 그 의지가 전달되지 않았을 수도 있습니다. 어쩌면 마음 깊은 데서는 '귀찮다, 이대로도 괜찮아'라고 생각했을지도 모릅니다. 자신의 내면을 설득하지 못한 것입니다.

지피지기면 백전백승, 설득의 기본은 상대를 아는 것입니다. 나 스스로 변화하고 싶다면, 변화의 필요성을 설득해야 할 상대는 바로 나 자신이 됩니다.

진정한 변화의 시작은 바로 자신을 아는 데서부터 시작됩니다.

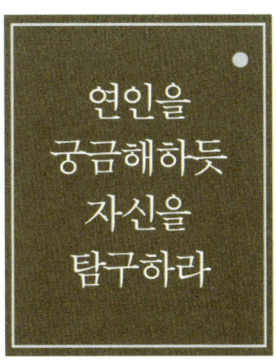

연인을
궁금해하듯
자신을
탐구하라

출판사를 경영하는 A 사장은 대학에 강의를 나가기도 하는 성공한 사업가입니다. 요즘은 지역 고등학생들의 멘토로도 활동하고 있습니다. 그런 그도 십여 년 전엔 거듭되는 사업 실패로 거의 조울증에 가까운 상태였다고 합니다. 계약은 무산되고 위약금도 받지 못한 채 집으로 돌아와 엉엉 울기도 했고, 독자로부터 들은 핀잔이 머릿속을 떠나지 않아 괴로워하기도 했습니다.

때로는 이해할 수 없는 격정에 휩싸였다가 난데없는 무기력에 빠지기도 하는 등 널뛰는 감정 속에서 자신을 소모하는 날들이 이어졌습니다. 사업이 잘 안 되는 것보다도 자신을 조절하지 못하는 것이 더 괴로웠습니다. 그는 병으로 발전하기 전에 하루빨리 좌절의 구렁텅이에서 빠져나가야겠다고 결심했습니다.

그때 A 사장이 찾아온 곳이 바로 필자의 상담실이었습니다. 저는 그에게 자신을 다스리는 방법을 알려주었습니다.

그 첫걸음은 자신을 이해하는 데서부터 시작됩니다.

길에서 울고 있는 사람을 만났다고 합시다. 잘 모르는 사람의 울음을 그치게 할 수 있을까요? 마찬가지로, 나의 내면을 위로하고 또 다스리기 위해서는 나 자신과 친숙해질 필요가 있습니다.

겉으로 나타나는 반응, 그 이면에 답이 있다

A 사장의 가장 큰 문제는 그간의 실패로 인한 좌절감과 무기력이었습니다. 소위 번아웃(burn out) 상태가 오래 지속되면서 A 사장은 완전히 무기력의 지배를 받고 있었습니다.

'아무것도 하고 싶지 않다, 무엇을 해도 어차피 실패할 것이다'라는 생각에 잡무만 처리하며 시간을 흘려보내고는, '오늘 하루도 아무 발전 없이 보내고 말았다'라는 생각이 들면 자신에 대해 분노를 느끼는 나날이 반복되었습니다.

그는 평정을 되찾고 진심에 다가설 필요가 있었습니다. 필자는 A 사장으로 하여금 무엇이 그를 힘들게 하는지, 어떤 순간에 화가 나며 분노의 근원은 무엇인지 찾도록 했습니다. 단지 현재 상황에 화가 난 것인지, 혹시 그 이면에 또 다른 불안이나 두려움이 숨겨져 있지는 않은지 알아낼 필요가 있었습니다. 그것을 해소하지 않으면 본질적인 변화가 일어날 수 없기 때문입니다. 내적 원인을 알고 그에 맞춰 설득해야 했습니다.

또한 자신이 어떤 순간에 노력하는지를 탐구함으로써 잃어버린 내적 동기를 되찾는 방법을 모색했습니다.

그렇게 자신의 습관과 경향을 파악하는 데서 시작해 A 사장은 점차 내면 깊은 데까지 접속하게 되었고, 마침내는 그 스스로가 다음과 같은 질문을 하기에 이르렀습니다.

나는 어떤 경향을 지니고 있으며, 어떤 방식으로 살아나가고 있는가?

나는 의지를 가지고 있는가? 그렇다면 그 의지는 무엇을 향하는 것인가?

죽기 전에 인생에서 꼭 이루고 싶은 일이라면, 그것은 무엇일까?

내 삶의 목적은 무엇이며, 신이 나에게 준 소명은 무엇일까?'

즉, 자신을 이해하는 데서 나아가 자발성을 발견한 것입니다.

이제 막 사랑에 빠진 연인에 대해 궁금해하듯 자신에 대해 궁금증을 가지십시오. 사랑하는 사람을 알기 위해 노력하듯 나 자신을 파악하기 위해 노력하십시오.

다음 장에서 소개할 자기 관찰 일지는 이러한 자기 탐구의 과정을 보다 수월하게 만들어 줄 것입니다.

내가 어떤 사람인지 알아야만 나를 조절할 수 있습니다. 나를 원하는 방향으로 이끌고, 성취욕과 잠재력, 의지력, 내적 동기 등을 작동시킬 수 있습니다. 이 사실을 명심하고 지금부터 본격적으로 자신에 대한 탐구를 시작해 봅시다.

나를 이해해야만 나를 다스릴 수 있다.
나와의 대화를 시도해야만
내면을 설득할 수 있다.

나 자신을
연구하라!
자기 관찰
일지

초등학교 시절 곤충 관찰 일지를 써본 적이 있을 것입니다. 성장과
정과 습성, 기호, 행동양식 등을 꼼꼼히 기록합니다. 이러한 관찰 일
지를 성인이 된 지금, 다시 써볼 때가 되었습니다. '자기 관찰 일지'가
그것입니다.

대부분의 사람이 뜻밖에도 자신에 대해 잘 알지 못합니다. 습관적
인 버릇조차 알지 못하다가 친한 친구나 형제, 부모가 "네게 그런 버
릇이 있잖아"라고 말하면 그제야 깨닫습니다. 자신의 입맛도 정확히
알지 못합니다. 가까운 친구의 어떤 점이 마음에 들어 그 친구를 좋
아하는지, 나는 그에게 어떻게 행동하며 어떤 관계를 맺고 있는지 의

나에겐 나를 지켜낼 힘이 있다

128

식하지 못합니다. 심지어는 자신이 지금 왜 회사에 다니며 일을 하고 있는지, 즉 행동의 이유조차 모른 채 되는 대로 살아가고 있는 것입니다.

그러므로 자기 관찰 일지는 매일 작성하도록 합니다. 하루의 일과, 건강 상태, 새로 발견된 습관이나 기호, 행동양식은 물론이고 느꼈던 감정과 그 원인, 발생한 사건과 그에 관한 나의 견해에 대해 기록합니다. 그리고 이를 종합하여 닷새 또는 일주일에 한 번꼴로 자신의 경향과 가치관을 분석해 봅니다.

최소한 한 달은 적어보고, 한 번 정리한 것은 버리지 말고 보관하십시오. 그리고 반년이나 일 년이 지나면 다시 한 번 자기 관찰 일지를 적고 과거와 비교해 봅시다.

자신을 아는 데 도움이 될뿐더러 그 자체가 나의 역사가 되므로 시도해 볼 가치가 충분합니다.

자기 관찰 일지, 어떻게 쓸까?

다음 사항들을 가능한 충실히 기록해 보자. 더도 덜도 말고, 딱 한 달이라도 써보도록 하자. 의외의 즐거움을 느낄 수 있다.

1 _ 매일 적어야 할 것

❶ 하루 일과

❷ 오늘의 성공 그리고 그에 관한 나의 견해

❸ 오늘의 실패 그리고 그에 관한 나의 견해

❹ 나의 건강 상태

   : 좋아졌거나 나빠졌다면 그 이유는?

❺ 오늘 느꼈던 감정

   : 그러한 감정의 원인(격한 감정을 느꼈다면 혹시 과거의 경험이 영향을 미친 것은 아닌지도 생각해 본다.)

❻ 새로 발견된 습관이나 기호, 행동양식

2 _ 5~7일 간격으로 분석해 볼 것

❶ 내가 좋아하는 것 / 상황

❷ 내가 싫어하는 것 / 상황

❸ 전반적으로 발견되는 경향은?

❹ 전반적으로 추구하는 가치는?

3 _ 종합적으로 고민해 볼 것

❶ 내가 원하는 것은? / 내가 가치 있다고 여기는 것은?

❷ 나의 강점은?

❸ 내가 추구하는 단기/중기/장기적 목표는?

❹ 나만의 인생관을 계속해서 정립해 나가자!

작성한 노트는 버리지 말고 간직한다. 꾸준히 계속해서 쓸 필요는 없지만 반년이나 일 년 등 간격을 정해놓고 한 달짜리 일지를 작성해 보도록 한다. 지난 관찰 일지와 비교하여 자신의 달라진 점, 새롭게 발견된 점을 파악하는 것도 필요하다.

자기 관찰 일지의 장점

자기 관찰 일지의 가장 큰 장점은 일기와는 달리 비교적 객관적으로 자기를 기술하게 된다는 것입니다. 일기를 쓰다 보면 은연중 자신을 포장하기 쉽습니다. 일기 또한 일종의 작문(에세이)이므로 나도 모르게 보이고 싶은 모습을 투영하는 것입니다. 핑계를 대거나 자신을 과대평가하거나 감정을 솔직하게 쓰기 꺼려질 수 있습니다. 글쓰기에 익숙하지 않은 사람은 어디서부터 어떻게 써야 할지 막막할 수도 있습니다.

이런 식으로는 숨겨진 자신과 마주하기 힘듭니다. 내면을 바라보는 창구는 가능한 한 깨끗하고 군더더기 없는 것이어야 합니다.

관찰 일지는 처음부터 길게 쓸 필요가 없으며, 무엇을 써야 할지 항목들을 제시하기 때문에 비교적 쉽게 시작할 수 있습니다. 핵심적인 질문을 통하여 자신에 대해 정리하기도 편리합니다. 이러한 내용들을 종합하여 '나라는 존재의 작동 방식'을 이해하게 될 것입니다.

처음부터 자신에 대해 완벽하게 이해하기는 어렵습니다. '내가 이런 사람이구나!'를 깨닫게 될 때까지 쓰고, 또 상황과 환경의 변화에 맞춰 다시 써보십시오.

처음에는 그냥 한 번 시도해 본 것일지라도, 시간이 흐름에 따라 자신에 대한 관심이 고취되며 재미가 느껴질 것입니다. 나 자신을 흥미로운 사람으로 인식하게 되는 것 또한 자기 관찰 일지의 장점이라 할 수 있습니다.

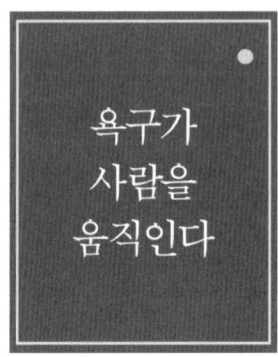

욕구가 사람을 움직인다

온종일 자질구레한 일들을 처리하느라 정신이 팔려있지 않습니까? 밀려드는 일거리에 무엇부터 해야 할지 몰라 이리저리 부산을 떨다가 일과가 끝나버린 것은 아닌지요? 혹은 인터넷 쇼핑과 서핑으로 소일하며 근무시간이 지나기만을 기다리지는 않았나요?

이렇듯 나의 의지와는 상관없이 소중한 인생을 허송하며 보내는 이들이 수없이 많습니다.

그러나 마지못해 하는 일은 당신의 가슴을 깨우지 못합니다. 잠재한 가능성을 깨우고 재능을 최대한 활용하기보다는, 정신을 허비하는 데 대부분의 시간을 보내는 것입니다. 이것은 당신이 원하는 참된 삶과는 거리가 멉니다. 만족과 보람을 느끼며, 인생에 가치와 의미를 부여하기 위해서는 내 마음속의 욕구를 깨워야만 합니다.

무기력에서 벗어나는 법

무기력은 아무것도 하고 싶지 않은 상태를 말합니다. 이상과 현실의 괴리를 실감하고 좌절감을 느꼈을 때 주로 발생합니다. 좀처럼 동기 부여가 되지 않고 일할 마음이 나지 않는다면 당신은 희망(잘 되면 좋은 일이 생길 것이란 희망)과 불안(하지만 과연 잘 될 수 있을까,라는 불안) 사이 어디쯤을 방황하고 있는 것입니다.

자발성을 일으키기 위해서는 외부의 요구로 인해 생겨난 요구가 아니라, 자신의 내부에서 우러나와 스스로를 납득시키는 욕구를 찾아야 합니다.

우선 관심과 흥미가 느껴지는 일들을 쭉 직어봅시다. 지금 당신이 하는 일과는 관계가 없어도 괜찮습니다. 한 번도 경험해 보지 않은 일, 완전히 다른 직종의 일이라도 좋습니다.

흥미로운 일이 있다면 그 이유가 반드시 있을 것입니다. 목록을 적은 후에는 그러한 일들에 관심이 가는 이유를 찾아봅시다. 두루뭉술하게 '재미있어 보여서' '돈을 많이 벌 것 같아서' 등은 부족합니다. 왜 재미있어 보이는지, 어떻게 돈을 벌 것 같은지 구체적으로 표현해야 합니다.

그렇게 해서 내가 좋아하는 일, 나에게 의욕을 북돋워주는 일의 경향을 파악하는 것이 중요합니다. 자신의 경향을 분석함으로써 자발성을 이끌어내고, 나아가 흥밋거리 또는 열정의 대상을 찾아낼 수 있습니다.

나는 무엇에 열정을 느끼는가?

기억을 더듬어 당신이 한때나마 열의를 보였던 모든 일을 나열하고 공통점을 찾음으로써 무기력에서 벗어날 방법을 모색해 보자.

나에게 흥분과 희열을 안겨주었던 경험을 모두 나열해보자.

이러한 일(대상)들의 공통점은 무엇인가?

이러한 일(대상)들과 현재 나의 일은 어떻게 연관되어 있는가?

일상 속 보상으로 성취욕을 깨워라

성취욕은 모든 사람의 본능입니다. 그러나 이상과 현실의 괴리로 인하여 거듭 좌절당하면 성취의 욕구는 꺾이고, 아무 일도 하고 싶지 않은 무기력한 상태에 빠질 수 있습니다. 그러므로 당장 해결되지 않는 문제나 실현 불가능한 목표는 가능한 뒤로 미루고, 쉽게 달성할 수 있는 작은 목표들부터 공략해 나가는 것이 좋습니다.

생활 전반에서 무기력을 느끼고 있다면 일상의 소소한 목표들을 설정해 보도록 합니다. 예를 들면 '매일 아침 10분 일찍 일어나기' '하루에 한 명씩, 소중한 사람들에게 문자로 안부를 묻기' '두 페이지 이상 책 읽기' 등이 그것입니다.

그리고 목표를 달성하면 자신에게 보상을 주는 것입니다.

보잘것없는 목표라고 해서 등한시해서는 안 됩니다. 중요한 것은 작으나마 성취를 맛보는 것입니다. 사람은 자신이 그려오던 계획이나 꿈꾸던 일을 상상한 대로 실현하는 과정에서 즐거움과 흥미를 느낄 수 있습니다. 이를 통해 잠들어 있던 성취욕을 깨우는 것 또한 자발성을 불러일으키는 계기가 됩니다.

Know Yourself Note

꺼진 성취욕에 불을 붙이는 방법

평상시 생각만 하고 이루지 못했던 목표를 적어보자. 그리고 목표 성취를 위한 세분화된 계획(단기 목표)들을 세워보자. 단기목표는 이른 시일 내에 성취 여부를 확인할 수 있는 구체적인 내용이어야 한다.

내가 원하는 나의 모습(목표)

단기 목표

달성 여부

	1주차	2주차	3주차
------------------------------------	☐	☐	☐
------------------------------------	☐	☐	☐
------------------------------------	☐	☐	☐
------------------------------------	☐	☐	☐
------------------------------------	☐	☐	☐

단기 목표를 달성해가는 과정에서 느낀 변화

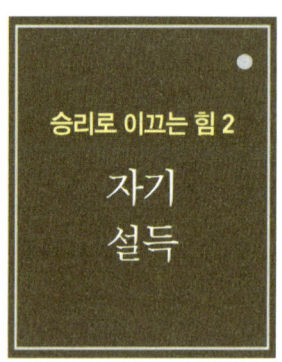

승리로 이끄는 힘 2

자기 설득

지금까지 자신을 알고 진정한 꿈을 찾는 방법을 알아보았습니다. 이제는 능동적으로 변화를 이끌어내고 성취하는 방법에 대해 배울 차례입니다.

우리의 의식은 3가지 층위로 구성되어 있습니다. 지구에 비유하자면, 맨 아래쪽에 있는 핵은 무의식, 그 위의 맨틀은 잠재의식이며 우리가 밟는 땅(지각)이 곧 현재의식입니다.

현재의식에서는 수많은 일들이 바쁘게 일어납니다. 지구 표층에 사람과 동물, 자동차가 이동하고 식물이 자라나고 건물이 세워졌다

허물어지듯, 우리 의식의 가장 표면이라 할 현재의식 또한 외부 요인에 끊임없이 영향을 받습니다.

또한 현재의식은 '행위자'로도 표현됩니다. 이 순간 내가 하고 있는 어떤 행위는 현재의식의 영역입니다. 필자가 글을 쓰는 행위는 현재의식 수준에서 일어나는 일입니다. 여러분이 책을 읽는 행위 또한 현재의식 수준에서 일어나는 일입니다.

한편, 잠재의식은 크고 고요합니다. 지구의 표층과 심층을 떠올려 보면 쉽게 이해할 수 있습니다. 지각(표층)은 얇은 반면, 그 아래 맨틀(심층)은 상상할 수 없을 정도로 두껍습니다. 심층에서는 표층에서와 같은 많은 일들이 일어나지 않습니다.

본질적인 변화, 삶의 지각변동을 원한다면 심층이 움직이게끔 해야 합니다. 맨틀이 움직여야 산이 생겨나고 땅이 갈라집니다. 마찬가지로 잠재의식이 움직여야 운명의 지형 자체를 바꿀 수 있습니다. 그래서 잠재의식은 '설계자'로도 표현됩니다.

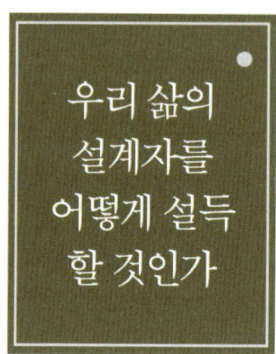

우리 삶의
설계자를
어떻게 설득
할 것인가

현재의식이 아무리 크게 외친들 그 소리가 잠재의식에 가닿지 않는
다면 외침은 그저 외침으로 끝나고 말 것입니다. 아무런 영향도 미
치지 못합니다.

　우리 삶의 행위자(현재의식)가 꿈을 위해 아무리 바삐 달린들 운명의
설계자(잠재의식)가 호응해주지 않는다면 얼마 못 가 지쳐 포기하게 될
것입니다. 결국 목표에 미치지 못합니다.

　지치지 않고 끝까지 지속하는 힘은 결국 현재의식이 아니라 잠재
의식에서 비롯되는 것입니다.

초인적인 의지를 발휘하는 사람들의 공통점은 잠재의식에까지 꿈이 각인되어 있다는 것입니다. 목표가 내면에 아로새겨져 있습니다. 그러므로 설계자의 뜻에 따라 행위자는 머뭇거림이나 멈춤이 없이 계속해서 전진해 나갈 수 있습니다.

다행히도 앞서 우리는 잠재의식에 다가가는 방법을 배웠습니다. 나는 어떤 사람이며, 무엇이 나를 만들었는지, 내 밑바탕에 무엇이 흐르는지를 알기 위한 노력을 계속함으로써 나라는 존재의 심층에 가까이 갈 수 있습니다.

지금부터는 잠재의식에게 말을 거는 방법에 대해 알아봅시다. 방법을 잘 알수록 내면을 설득하기가 쉬워질 것입니다.

첫째, 메시지는 간결하고 명확해야 한다

현재의식을 설득하기 위해서는 치밀한 논리와 계획이 필요합니다. 상사나 거래처를 설득하기 위해 두꺼운 자료를 만드는 것과 마찬가지입니다. 그러나 잠재의식에는 이러한 프레젠테이션이 통하지 않습니다. 백 마디의 논리보다, 마음을 울리는 크고 강한 한 방이 잠재의식을 움직입니다. 당신의 목표와 이유를 최대한 간결하고 명확하게 만드십시오.

둘째, 이미지는 구체적이고 생생해야 한다

원하는 꿈을 이룬다면 당신의 인생은 어떻게 바뀔까요? 상상해 보십시오. 가능한 구체적이고 생생한 이미지를 머릿속에 그려야 합니다. 목표를 달성하여 영광을 만끽하는 현장, 사람들의 환호 소리와 당신의 밝은 미소, 당당한 모습으로 자신의 성취를 자랑하는 모습 등을 머릿속으로 그려보는 것입니다.

이것이 잠재의식에게 비전을 제시하는 바른 방식입니다. 멋진 말과 미사여구로 치장한 말로는 잠재의식을 설득할 수 없습니다. 원하는 방향과 이유, 보상을 강하게 어필한다면 현재의식만으로는 이루기 힘든 굉장한 변화를 성취할 수 있을 것입니다.

Know Yourself Note

어떻게 나의 내면을 설득할 것인가?

잠재의식을 움직일 때, 운명에 지각변동을 일으킬 수 있다. 다음의 질문에 대한 대답을 완성하며 잠재의식에 전달할 메시지와 이미지를 완성시켜 보자.

당신이 이루고 싶은 꿈은?

꿈을 이루기 위해서는 정확히 무엇이 달라져야 하는가?

꿈을 이루면 어떤 일이 벌어질까? 구체적이고 생생한 순간을 머릿속에 그리며 묘사해 보자.

삶에 지각 변동을 일으키고 싶다면
마음의 심층을 설득해야 한다.

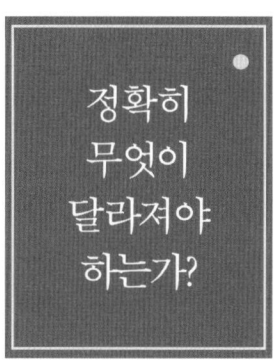

정확히
무엇이
달라져야
하는가?

당신이 무술 유단자이고, 눈앞의 송판을 격파해야 한다고 상상해 봅시다. 여러 장의 송판을 격파하기 위해서는 어디를 어떻게 내리쳐야 할까요? 제일 위에 놓인 송판에 중점을 두고 내리친다면 손만 아플 뿐, 맨 위 장밖에 깨지 못할 것입니다.

 가장 중점을 두어야 할 부분은 송판의 맨 아랫부분입니다. 아랫부분까지 충격이 전달될 수 있도록 해야 모든 송판을 깰 수 있을 것입니다.

이와 마찬가지로 변화의 핵심에 강하게 접근해야 합니다. 핵심을 타격하는 강력하고도 직관적인 메시지만이 잠재의식을 변화시키고, 나아가 운명을 변화시킬 수 있습니다.

그렇다면 핵심을 강타할 강력한 메시지는 어떻게 만들 수 있을까요? 방법은 간단합니다. 다음 질문에 대한 해답을 찾으십시오.

"정확히 무엇이 달라져야 하는가?"

이 질문에 답하기 위해서는 다시 자기 관찰 일지를 펼쳐야 합니다. 자기 관찰 일지를 통해 일상에 주로 문제를 일으키거나 목표 달성에 걸림돌이 되는 습관이나 행동을 파악해 봅시다. 무엇이 당신을 괴롭히고 있으며, 꿈으로 가는 길을 방해하고 있습니까?

내가 바뀌어야 나의 운명도 바뀐다

샤오린은 여러 번 질이 좋지 않은 남자를 만나 연애에 실패한 것은 물론, 마음에도 큰 상처를 입었습니다. 그녀는 자신을 아껴줄 좋은 남자를 만나길 간절히 바랐습니다.

마지막 연애로부터 3년, 마침내 샤오린은 새로운 남자를 만나 연애를 시작했지만 어쩐지 불안하고 두려웠습니다. 남자를 고르는 자신의 눈에 확신이 없었기 때문입니다. 또다시 예전처럼 상처받을 것이 두려웠습니다.

그녀는 자신이 변해야만 자신의 운명 또한 바뀌리라는 생각에 자기 관찰 일지를 쓰기 시작했습니다. 무엇이 바뀌어야 할지 해답을 얻기 위해서였습니다.

한 달간의 관찰을 통해 샤오린은 자신이 쉽게 위축되는 타입이며, 큰 목소리를 내거나 위압적인 사람들에게 대항할 엄두를 내지 못한다는 걸 새삼 깨달았습니다. 그러한 사람들은 샤오린에게 불쾌감을 주는 동시에 두려움을 느끼게 했는데, 지금 만나고 있는 남자친구 또한 그런 사람 중 한 명이었습니다. 때로는 샤오린의 의사와는 상관없이 데이트 약속이 잡히기도 했습니다.

또한 샤오린은 자신이 불쾌감을 표현하지 못한다는 것을 알았습니다. '기분이 나빴지만 참고 넘겼다'거나 '속상했지만 굳이 표현하지 않았다'는 기록이 반복되었습니다.

그녀는 싫은 것은 싫다고 정확하게 표현해야 한다는 결론을 내렸습니다. 의기소침하여 끌려가는 연애가 아니라, 대등한 관계에서 자신을 표현하고 상대를 배려할 때 상처받지 않고 사랑할 수 있음을 깨달은 것입니다.

 정확히 무엇이 달라져야 할지, 정확하고 명쾌한 해답을 찾아낸다면 변화의 핵심에 다가설 수 있을 것입니다.

의지를
조절하는
심플한 방법

당신은 어제와는 다른 삶을 살기를 원할 것입니다. 예전의 나와는
다른, 보다 적극적이고 활기차며 능동적인 자신이 되기를 바랄 것입
니다.

특히 새해가 되면 사람들은 너나 할 것 없이 자신을 변화시키겠노
라 결심합니다. 더 건강한 생활습관을 가지고, 쓸데없는 일에 시간
을 낭비하지 않고 꿈을 현실로 만들기 위해 노력하겠다고 말입니다.
당신은 이제까지 얼마나 많은 결심을 하고, 변화와 관련된 목표를
세웠습니까? 최소한 당신이 살아온 햇수 이상은 되지 않을까요? 그

렇다면 실제로 목표를 달성한 경우는 몇 번이나 되나요? 그 결과가 바로 이 순간, 이 책을 읽고 있는 당신의 모습임을 감안하고 솔직하게 대답해 봅시다. 아마도 손에 꼽을 것입니다.

중요한 것은 '무엇을'이 아니라 '어떻게'입니다.

아마도 당신은 이렇게 반문할 것입니다.

"저는 매번 다이어트 계획을 구체적으로 세워요. 탄수화물 섭취를 줄이고, 아침에는 운동을 하겠다고 결심하죠. 출퇴근 길은 되도록 걷기, 단 음료 마시지 않기 등의 지켜야 할 일 리스트도 만들어요. 하지만 번번이 며칠 안 가 포기하고 말았어요. 제 생각엔 방법이 아니라 의지가 문제인 것 같아요."

이 말에도 일리는 있습니다. 굳은 심지로 끝까지 해내는 것이야말로 운명을 바꾸는 가장 좋은 방법입니다.

그렇다고 해서 단순히 의지박약만을 탓할 수는 없습니다. 굳건한 의지를 발휘하기 위해서 사람이 매 순간 이를 악물고 살 수는 없는 노릇입니다.

여기서 우리는 한 번 더 들어가 생각해야 합니다. 의지가 부족해 매번 실패했다면, 그 이유는 무엇일까요?

사람들이 끝까지 결심을 지속하지 못하는 이유는 대개 다음과 같습니다.

첫 번째, 자기 이해와 그에 따른 설득 능력 부족입니다. 자신을 제대로 알지 못하므로 자기 내면을 어떻게 설득해야 하는지를 모릅니다. 이에 관해서는 앞서 이야기한 바와 같습니다.

두 번째, 환경이 변화하지 않았기 때문입니다. 이전과 똑같은 환경과 상황에서는 이미 몸에 익은 행동양식으로 다시 돌아가기 쉽습니다. 고무줄을 몸에 걸고 아무리 달려봤자 조금 지나면 제자리로 돌아올 수밖에 없겠죠. 고무줄을 끊어버리거나, 몸에 걸린 고무줄을 벗어버릴 궁리를 해야 합니다.

의지를 탓하기 전에 환경을 바꿔라

메이러는 몇 명의 친구들과 함께 게임 러닝 애플리케이션을 출시하려는 계획을 가지고 있었습니다. 문제는 회사를 그만두면 생활이 극도로 빈곤해지리란 것이었습니다. 그녀와 친구들은 다니던 회사에 계속 근무하며, 퇴근 후와 주말이면 메이러의 집에 모여 사업을 진행하기로 결심했습니다.

그로부터 4개월이 지났지만 메이러의 사업에는 진전이 없었습니다. 게임 개발은 여전히 아이디어 수준에 머물러 있었습니다. 야근과 회식 등으로 퇴근 후에는 모이기가 힘들었고, 만나더라도 저녁을 해먹고 수다를 떨다 보면 시간이 훌쩍 흘러 어느 새 늦은 밤이 되기 일쑤였습니다. 주말에는 행사가 있거나 몸살 등으로 한 번도 모이지 못했습니다.

오랜만에 친구들이 메이러의 집에 모인 날, 저녁 식사 자리에서 메이러가 말했습니다.

"원래 계획대로라면, 지금쯤 프로토 타입이 나와 있어야 해. 그런데 지금 상황을 봐. 아무것도 해놓은 게 없다고."

"우리 계획이 너무 비현실적이었던 건 아닐까? 좀 더 시간을 넉넉하게 잡고, 다시 계획을 세워보는 건 어때?"

친구의 제안에 메이러는 고개를 저었습니다.

"이런 식으로는 몇 번이나 계획을 다시 세워도 진전이 없을 거야. 퇴근 후에 모이기도 힘들지만, 모이더라도 저녁을 만들고 차를 마시면 벌써 밤인걸. 게다가 우리 모두 진짜 '업무'를 한다는 느낌이 없는 것 같아."

그들은 메이러의 집에서 가졌던 몇 번의 모임이 모두 나태했음을 인정했습니다. 문제는 일정과 업무 분담 등의 계획이 아니라는 데 동의한 그들은 뜻밖의 돌파구를 찾아냈죠. 친구들이 십시일반 하여 작은 사무실을 구한 것입니다.

집에 모이지 않으니 자연히 저녁 식사는 간소화되었고, 각자 자리에서 일하니 수다를 떠는 시간도 줄었습니다. 메이러와 친구들은 그제야 새로운 사업을 도모하고 있음을 실감했습니다.

그 이후 업무는 진척을 보여 그들은 일정대로 프로토 타입을 제작하고, 투자 유치에도 성공했습니다. 메이러와 친구들 모두 다니던 회사를 그만두고 새로운 회사의 창업자들이 된 것은 물론입니다.

모든 변화의 과정에는 공통점이 있습니다. 이전과는 다른 방식으로 행동하고 사고해야 한다는 것입니다. 새로운 방식으로 행동하고 사고하기 위해서는 환경을 바꿔야 합니다.

상황이 바뀌면 행동도, 사고도 바뀝니다.

환경을 바꾸는 것은 기창한 일이 아닙니다. 위 이야기의 메이리와 마찬가지로 자기만의 사업을 꿈꾸거나 투잡을 하려는 사람이라면, 작은 사무실을 얻거나 아니면 최소한 방 하나를 홈오피스로 정비하는 것이 도움이 됩니다. 다이어트를 결심했다면 단순히 적게 먹겠다고 결심만 하는 것이 아니라 아예 밥그릇 자체를 작은 것으로 바꿔야 합니다. 아침에 일찍 일어나기가 힘들다면 기상하지 않을 수 없는 상황을 만드는 것이 방법입니다. 예를 들어 매일 새벽 전화가 걸려오는 영어 교육 서비스를 이용하거나, 새벽마다 모이는 운동 모임에 가입하는 것입니다.

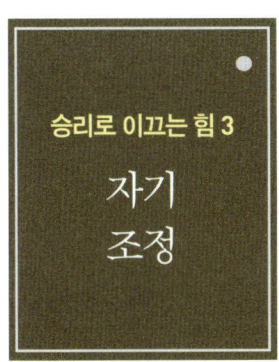

승리로 이끄는 힘 3

자기
조정

관찰 일지를 통해 자신에 대해 알고 자신의 의욕과 열정, 의지를 이끌어내는 법을 알았다면 그다음은 자기 조정을 준비할 차례입니다. 능동적으로 삶의 방향을 조정하는 자발(自發)의 단계로 진입해야 합니다.

고등학교와 대학을 나와 직장을 다니고 가정을 꾸리고 아이를 낳는, 흔히 생각하는 평균적 인생 궤적은 우리에게 구속과 제약이 되는 동시에 안정감을 줍니다. 그러한 트랙에서 빠져오는 데는 설렘만큼이나 불안과 두려움이 동반됩니다. 부정적인 감정을 느끼면 머뭇거리는 것도 당연합니다.

그러나 미래가 불안하지 않은 사람은 없습니다.

평균적 삶의 궤적을 따르는 편이 당장에는 안전해 보일지 모릅니다. 하지만 어차피 미래란 알 수 없는 것입니다. 한 치 앞도 모르는 내일을 걱정하느라 머뭇거릴 바에는, 뛰는 가슴으로 현재에 충실한 삶을 자유롭게 살아보는 것이 어떨까요.

역경 없는 인생은 재미없다

생은 어려서나 늙어서나 관계없이 계속됩니다. 아무리 나이가 들어도 죽는 그 순간까지 삶은 이어지며, 아무리 나이든 사람이라도 내일이 어떻게 흘러갈지 예측할 수는 없습니다. 다시 말해 생명이 다하는 날까지 시행착오를 거듭하며 배우고 성장해 나가는 것이 인간의 운명이라 할 수 있습니다.

물론 실패는 두렵습니다. 할 수만 있다면 피하고 싶은 것입니다. 그러나 사람으로 태어난 이상 역경을 경험하지 않을 수는 없습니다. 온실 속의 화초에게도 괴로움은 있는 법, 부처의 말씀대로 고통은 인간의 숙명이기 때문입니다.

그래서 흔히 말하기를 "세상에는 고통을 이겨내는 사람과 고통 앞에 무릎 꿇는 사람, 두 종류가 있을 뿐"이라고 하는 것입니다.

그 차이를 만드는 것이 바로 자발성입니다.

자발성을 갖춘 사람은 자신이 선택한 길에서 고난을 만난다 해도, 그 끝에 한 뼘의 성장이 있음을 압니다. '마음먹은 대로만 풀린다면 그것만큼 재미없는 인생도 없을 것'이라는 대인배의 배포로 자신이 선택한 고난에 당당히 맞섭니다. 넘어져도 훌훌 털고 일어서기에 자신은 물론이고, 주위 사람 모두가 그의 인생을 응원합니다. 그 결과 역경을 뛰어넘고 성공하여 인생을 한 편의 드라마로 만들어내는 것입니다.

한편, 타인의 요구나 기대에 맞추느라 자신의 욕구와 무관한 삶을 사는 사람은 어떤가요? 그 길에서 고난을 만나면 쉽게 좌절하고, 넘어지면 일어나기를 포기하고 맙니다. 그리고 자신을 이렇게 만든 다른 사람들을 원망하는 것입니다.

언젠가 당신의 인생에도 마지막이 찾아올 것입니다. 그때 미련을 남긴 채로 떠나지 않기 위해서는 나의 인생을 나의 의지대로 살아볼 필요가 있습니다.

타인의 요구가 아닌 자신의 욕구를 파악하고, 무기력에서 벗어나 열정을 되찾아야 합니다. 가치관에 따라 생의 목적을 설정하고, 그것을 향해 강력한 의지로 전진해야 합니다. 자신의 생각과 판단에 따라 미래를 개척한 삶에는 적어도 후회가 남지 않을 것입니다.

당신은 어떤 사람입니까? 내가 선택한 길을 나의 의지로 걷고 있습니까, 아니면 자신의 선택과는 무관한 길을 정해진 대로 걷고 있나요? 후자라면 오늘을 생의 전환점으로 삼으십시오. 내일은 달라질 수 있습니다.

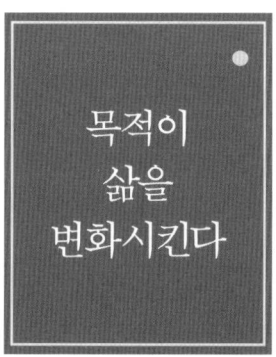

목적이
삶을
변화시킨다

성공은 자신에게 의미 있는 목표를 실현하는 과정에서 얻어지는 것
입니다.

오래된 격언 중 '목적지를 정하지 않은 배를 위해 바람은 불지 않는
다'라는 말이 있습니다. 당신은 인생이란 배의 키를 쥐고 있습니까,
아니면 비바람 불고 파도가 치는 대로 떠다니는 돛단배 신세와 같습
니까?

자발성은 '자기 결단'과도 같습니다. 원하는 일이 있다면, 그것이 일
어나기를 기다리는 것이 아니라 그 일이 일어나도록 만드는 것이 자
발성의 특징입니다. 자발성이 부족한 사람들은 자신의 삶을 비관하

며 부모의 재산과 자신의 숙명에 관해 한탄합니다.

그러나 삶은 주어진 환경만으로 결정되는 것이 아닙니다.

인생의 성패는 타인의 눈으로 쉽게 판가름할 수 없습니다. 단기간에 결정 나는 것도 아닙니다. 에디슨은 축전지를 발명하기까지 2만 번의 실패를 거듭했습니다. 도전을 거듭하는 이에게 실패는 성공으로 가는 과정에 불과합니다.

자신의 지론(인생관)을 확립하고 적극적으로 자신의 운명을 설계해 가는 사람은 숙명에 굴복하지 않습니다.

삶의 인과법칙을 믿어라

지금 당장 "스스로 내 운명의 키를 잡겠다"고 선언하십시오. '언젠가는 되겠지'라고 생각하는 흐리멍덩한 인생관을 가지고 있다면, 당신은 영원히 불가능의 영역을 빠져나갈 수 없을 것입니다.

우리는 '삶이란 스스로 만들어 가는 것'이란 인생관을 가지고 인과법칙을 믿어야 합니다. 기다리지 말고 선택하십시오! 오늘 행동함으로써 내일을 바꿀 수 있다는 철학을 가지고 있으면 누구라도 운명을 개척할 수 있습니다. 의심이나 두려움 앞에 무릎 꿇지 않을 수 있습니다.

"승리하는 사람은 꿈이 우연히 이루어지기를 희망하지 않는다. 그들은 모든 문제를 자신과의 계속되는 대화를 통해 해결한다."

이는 존 가드너의 말입니다.

인생관이 뚜렷한 사람은 삶을 멋지게 활용하고 더 나은 수준으로 향상시켜 나갑니다. 잠자던 재능과 욕구를 발견함으로써 폭풍과도 같은 에너지를 만들어낼 수 있는 것입니다.

지금까지의 인생은 당신이 선택한 결과이다

종이 위에 자신이 바라는 모습을 적어봅니다. 그리고 현재 자신의 모습과 비교해봅니다. 현재 자신의 모습이 마음에 드나요? '어쩔 수 없었어'라는 생각이 떠오른다면, 그러한 생각과 지금 당장 이별하십시오. 지금 당신의 모습은 스스로가 선택한 결과입니다.

이 사실을 솔직하게 인정하고 그에 대한 책임을 지도록 노력해야 합니다.

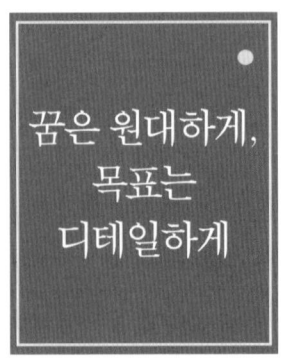

꿈은 원대하게, 목표는 디테일하게

인류를 환경오염과 자원고갈의 위기로부터 구원하겠다는 커다란 꿈을 가진 남자가 있었습니다. 이를 위해 그는 3단계의 중장기 목표를 설정했습니다. 첫째는 인터넷으로 큰돈을 버는 것이었고, 두 번째는 친환경 운송수단을 만드는 것이었으며, 마지막으로 인류를 화성에 보내 화성을 식민지화하겠다는 것이었습니다.

신이 와도 이루기 힘들 법한 꿈을 위해 그가 가장 먼저 도전한 목표는 무엇이었을까요? 하루 1달러로 한 달을 살아보는 것이었습니다. 창업에 실패해 설사 빈곤해지더라도 자신이 포기하지 않고 끝까지 버틸 수 있을지를 시험해 본 것입니다.

이렇게 하여 엘론 머스크의 신화가 시작되었습니다. 130억 달러의 부자를 만든 첫걸음은 '하루 1달러로 생활해보기'였던 것입니다.

꿈에도 복리의 법칙은 적용된다

'꿈은 원대하게, 목표는 디테일하게'는 우리를 이상에 가까워지도록 만드는 마법의 법칙입니다. 천 리 길도 한 걸음부터 시작되는 법입니다. 한 걸음이 두 걸음이 되고 두 걸음이 네 걸음이 되는 복리의 법칙은 꿈을 향한 길에도 적용됩니다.

꿈은 어떤 종류의 것이든 괜찮습니다. 꿈에 다가가기 위한 목표는 보다 구체적인 것이어야 합니다.

목표에는 장기 목표와 중기 목표, 단기 목표가 있습니다. 중장기 목표는 앞으로 10년, 20년 후에 달성하기를 원하는 목표입니다. 단기 목표는 이른 시일 내에 성취 여부를 확인할 수 있는 것으로 가능한 한 세분화하여 설정해야 합니다. 이렇게 단기 목표 하나하나를 채워나감으로써 최종 목표(꿈)로 향하는 여정에 동기를 부여할 수 있습니다. 또한 성장을 자극하고 촉진시키는 좋은 방법이 될 것입니다.

그러나 우리는 어떤 꿈을 위하여 어떻게 목표를 설정하고 있습니까? 대부분의 사람들이 꿈은 소박하며 목표는 두루뭉술합니다. '올해는 좋은 배우자감을 만나겠다' '반드시 살을 빼고 원하던 직장에 취업하겠다'는 등의 꿈을 꾸며 이를 당장에라도 실현하기 위해 애씁니다. 이러한 목표에는 중장기적 비전이 없고, 성공을 위한 구체화된 방법도 없습니다.

종종 '지금까지 이뤄놓은 게 뭐지?' '이제껏 뭘 하고 산 거야?'라는 생각이 든다면 자신의 꿈과 목표 설정 방식에 대해 점검해볼 필요가 있습니다.

중요한 것은 목표달성이 아니라 자기성장이다

걱정이 많은 사람들은 꿈도 보수적으로 꾸는 경향이 있습니다. 괜히 목표를 크게 잡았다가 실패할까 봐 두렵고, 창피당할까 봐 걱정합니다. 원하는 삶의 모습과 큰 꿈이 있지만 자신의 비전을 말하면 사람들로부터 비웃음을 살까 염려됩니다.

'성공하지 못하면 어쩌지?' '아무래도 현실적으로 어려울 것 같아'라는 생각은 사람을 방어적으로 만듭니다. 삶을 보수적으로 살아가게끔 합니다. 공격적으로 목표를 향해 나아가기보다는, 무사히 작은 목표를 성공시키기만 바라게 만듭니다.

한편, 성취의 경험은 자발성을 높여줍니다. 여기에는 전제가 있습니다. 목표 수준을 조금씩 올려 자신의 한계를 넘어서는 경험이어야 하는 것입니다. 자신의 키보다 낮은 철봉에 매달린들 재미를 느낄 수 있을까요? 손쉽게 달성할 수 있는 목표를 정해놓고 문제없이 해결한다면 성취의 기쁨을 느끼기 어렵습니다. 그러므로 약간은 버거운 정도의 목표를 설정해야 하는 것입니다.

실패하면 어쩌나 걱정하지 마십시오. 설사 성공하지 못해도 그 자체로 배움이 됩니다. 또한 실패를 통한 교훈이 성공의 확률을 높여주기도 합니다. 중요한 것은 목표를 성공이냐 실패냐가 아니라, 그 과정에서 얼마나 성장했느냐입니다.

해보지 않으면 아무 일도 일어나지 않는다

세상에는 온갖 정보가 넘쳐납니다. 요즘은 인터넷이 발달해서 나와 같은 직종, 희망하는 일을 하는 사람들과 익명으로 정보를 교류하는 일이 흔합니다. 비슷한 목표와 꿈을 가진 사람도 많습니다. 그런 이들에게 자신의 목표와 꿈을 말하면 열 중 여덟은 당신을 좌절로 이끌 것입니다.

"시간 낭비하지 않는 게 좋아요. 요즘 이 업계는 포화상태거든요. 시도조차 하지 않는 것이 시간도, 돈도 버는 겁니다."

이런 말들을 반복해서 듣다 보면 자신도 모르게 기운이 빠지고 목표의식이 희미해지는 것을 느낄 것입니다. '내 꿈이 너무 허황된가?'

'내가 잘못된 길을 선택한 건가?'라는 의문이 들기도 합니다. 그러나 어떤 일이든 직접 해보지 않으면 알 수 없는 일입니다. 자신이 직접 경험한 것 외에는 어떤 정보도 정확한 것이라 확신할 수 없습니다.

신비의 호수를 발견한 남자

옛날 어느 시골 마을에 낯선 사내가 찾아왔습니다. 그는 마을에서 며칠 묵으며 자신이 목격한 신비로운 세상 풍경에 대해 이야기했는데, 그중 한 곳은 멀지 않은 곳에 있어 바로 얼마 전 다녀왔다는 것이었습니다. 사내는 구중 산골 속 깊고 푸르른 에메랄드빛 호수가 펼쳐진 절경을 생생하게 묘사했습니다. 어른이고 아이고 사내의 이야기에 푹 빠져 그의 묘사를 따라 머릿속에 아름다운 풍경을 그리며 감탄했습니다.

사내가 떠난 후 마을 사람들 대부분이 그를 잊었으나 오로지 한 명의 소년이 사내의 이야기를 기억했습니다. 소년은 언젠가 자신의 두 눈으로 비경을 확인하겠나는 꿈을 품었습니다. 그렇게 소년은 마음속에 동경을 키우며 자라나 나무 베는 일꾼이 되었습니다.

어느 날, 일꾼은 동료들과 지역 산맥 깊숙이까지 벌채를 가게 되었습니다. 험한 산세에도 불구하고 일꾼은 어쩐지 신비로움을 느꼈습니다. 그는 어쩌면 그곳이 어린 시절 들었던 '푸른 에메랄드빛 호수'가 있는 곳일지도 모르겠다고 생각했습니다.

동료들은 모두 그의 생각을 일축하며 말했습니다.

"분명히 지어낸 이야기일 거야."

"내가 이 근처 산골 마을에 살았는데 그런 장소에 관한 이야기는 들어본 적이 없어. 그러니 괜히 혼자서 숲속에 들어가는 위험한 짓은 하지 말게."

그러나 일꾼은 자신의 눈으로 확인해 보겠다고 결심했습니다. 모두의 비웃음과 만류에도 불구하고 그는 더욱 깊은 산속으로 들어갔습니다.

얼마 후, 여느 때처럼 동료들의 무리를 벗어나 홀로 숲속으로 향하던 그는 울창한 수풀 사이에서 반짝이는 빛을 보았습니다. 우거진 수풀을 헤치자 햇빛에 빛나는 투명한 수면이 드러났습니다. 마침내 꿈꿔오던 신비로운 호수를 찾아낸 것입니다. 해발 3천 미터 지대에 펼쳐진 주자이거우의 비경은 이렇게 발견되었다고 합니다.

가장 정확한 정보는 결국 자신의 체험뿐입니다. 어떤 일이든 직접

겪어보지 않으면 알 수 없습니다. 그러므로 '나의 선택을 믿고 한 번 나아가 보자'라는 마음가짐을 가져 보는 것이 어떨까요.

옳은 결정을 하는 것인지, 나의 직감이 과연 맞을지 불안한 때도 있을 것입니다. 그러나 적어도 망설이다 기회를 잃는 것보다는 백 배 낫습니다. 시도조차 하지 않는 이에게는 기회가 다가올 틈이 없습니다.

성공하든 실패하든, 경험이 사람을 성장시키며 운명을 전진하게 합니다. 그러나 실패가 두려워 아무 일도 하지 않는다면 인생에 어떠한 일도 일어나지 않을 것입니다. 죽는 날까지 그 자리에서 삶이 정체될 수밖에 없습니다.

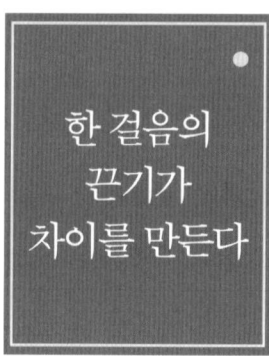

한 걸음의
끈기가
차이를 만든다

100걸음의 절반은 얼마일까요? 수학적으로 생각하면 50걸음일 것입니다. 그러나 이 '걸음'을 인생에 빗대는 순간 정답은 달라집니다.

"100보의 절반은 99보다. 이것은 비수학적인 개념이다. 현대인은 이 도리를 깨닫지 못하므로 천재를 비방한다. 후대인들은 이 도리를 알지 못하기에 늘 천재 앞에서 향을 피울 뿐이다."

아쿠타가와 상으로 유명한 일본 작가 아쿠타가와 류노스케의 말입니다. 화룡점정(畵龍點睛), 즉 범작이 명작으로 상승하기 위해 필요한 것은 마지막의 한 점이라는 것입니다! 마지막 점을 찍지 않으면, 99의 노력은 결코 완성에 이를 수 없습니다.

100도에 이른 물은 끓지만, 99도의 물은 끓지 않습니다. 99는 결코 100이 아닙니다.

흔히 영리하다고 자신하는 사람들이 이러한 함정에 빠지는 것을 자주 봅니다. 합리성과 효율성을 추구한 나머지 완성을 목전에 두고 포기하는 것입니다. '여기서 얼마나 더 고생해야 할지 모르는데, 기회비용을 생각하면 지금 그만두고 다른 일을 하는 게 나아'라고 생각합니다. 그러고선 자신은 영리한 선택을 했다고 자부합니다.

때로는 곰 같은 우직함이 여우의 영리함을 이긴다

여우와 곰이 깜깜한 동굴 속을 걷고 있었습니다. 살던 숲에 불이 나서 황폐해지자 산을 넘어 다른 숲으로 가기 위해서였습니다. 산을 가로지를 것으로 예상되던 동굴 속을 한나절이 넘도록 꼬박 걸었으나 동굴은 여전히 깜깜했습니다. 도무지 끝날 기미가 보이지 않자 여우가 말했습니다.

"이 동굴을 나가려면 얼마나 더 걸어야 할지 몰라. 난 지금이라도 동굴 밖으로 나가서 다른 길을 찾아볼래. 끝을 모르는 동굴 속에서

굶어 죽지는 않을 거야."

여우는 지금까지 온 길을 돌아가 버렸습니다. 여우의 뒷모습이 어둠 속으로 사라지고, 곰은 계속해서 혼자 앞으로 걸어나갔습니다. 얼마 지나지 않아 휘어진 코너를 돌자 바깥의 선선한 바람이 느껴지기 시작했습니다. 꺾여 있어 미처 보이지 않았던 곳에 동굴 입구가 기다리고 있었던 것입니다.

때로 곰처럼 우직한 사람이 여우처럼 영리한 사람을 이기는 것을 봅니다. 뚝심으로 끝까지 해내면 시간이 지남에 따라 그 효과가 지렛대처럼 커져서 결국 보상으로 되돌아올 것입니다.

마지막에 병뚜껑을 연 사람은 누구인가?

병뚜껑이 안 열려 끙끙 대본 경험이 한 번쯤 분명 있을 것입니다. 그런 때 보통은 주위에 있는 사람에게 병뚜껑을 열어달라고 부탁합니다. 병은 여러 사람의 손을 거치고, 결국 서너 번째 사람에게 가면 비로소 뚜껑이 열립니다. 이때 병뚜껑을 연 사람은 누구일까요?

마지막 사람이 특별히 힘이 장사라서 뚜껑을 연 것이 아닙니다. 그

앞에 여러 사람의 손을 거치며 이미 뚜껑은 헐거워지기 시작했을 것입니다. 마침 그의 차례가 되어 이제 열릴 준비가 다 된 뚜껑이 열린 것뿐입니다. 그러나 사람들은 뚜껑을 연 마지막 사람에게 감탄하기 마련입니다.

'완성에 이를 것인가, 그러지 못할 것인가?'
'누가 먼저 목표에 다다를 것인가?'
한 걸음의 끈기가 그 차이를 만듭니다.

시작도
끝도
내가 선택해야
한다

저우양은 1세대 프로그래머입니다. 사회 초년 시절, 그는 세상을 깜짝 놀라게 할 서비스를 만들어내겠다는 꿈을 가졌습니다. 언젠가는 백만장자가 될 것이라며 큰소리치기도 했습니다.

그의 비전은 현금과 카드를 대신할 무형의 결제수단이었습니다. 그러나 저우양의 아이디어를 접한 사람들은 대개 부정적인 반응을 보였습니다.

"장사꾼들은 무조건 현금을 받으려 하지, 가상 결제 따위는 반기지 않을 거야."

"우리나라의 인터넷 보급률이 낮은데 과연 상용화될 수 있겠어?"

이런 말들을 반복해서 듣다 보니 저우양은 곧 풀이 죽었습니다. 얼마 후에는 그 자신도 "혁신적인 아이디어였지만 실현 가능성이 없어서 포기했어"라고 말하게 되었죠. 그는 이렇게 한탄하곤 했습니다.

"우리나라에서는 프로그래머가 성공하기 어려워. 아무리 좋은 아이디어를 가지고 있어도 결국 윗선에서 거부당하고 만다고. 우리나라 기업 문화에서는 산업 전체의 장래가 어둡다고 할 수밖에 없어."

"야근을 밥 먹듯 하는 데다 제대로 돈도 주지 않지. 게다가 사회적으로 인정받기도 힘든 게 현실이니, 진정한 인재라면 이런 직업은 선택하지 않을 거야."

그렇게 시간이 흘렀습니다. 그와 같은 시대에 일을 시작한 1세대 프로그래머 중 사업가로 변신하여 세계적으로 이름을 날리는 사람들이 등장하기 시작했습니다. 그가 한때 꿈꿨던 인터넷 결재는 대세가 되었습니다.

저우양은 어떻게 되었을까요? 그는 아직도 박봉의 회사원에 불과합니다. 그마저도 나이가 많아 회사에서 잘릴까 전전긍긍하고 있습니다.

돈이나 시간이 없다, 지금 회사에서는 아무래도 무리다, 국가 차원의 인프라가 부족하다 등 꿈을 실현하지 못하는 이유도 가지가지입니다.

하지 못하는 것일까요, 하려고 들지 않는 것인가요? 이 두 가지는 구분할 필요가 있습니다.

하지 못하는 것인가, 하려 들지 않는 것인가

조건이 부족하다면 조건을 극복하거나 우회할 방법을 고민해야 합니다. 돈이나 시간을 만들 방법은 정녕 없을까요? 다니는 직장에서 꿈을 펼치기 어렵다면 회사를 나오는 것은 어떨까요? 회사를 옮기거나 자신이 직접 창업할 수도 있습니다. 나라의 인프라가 부족하다면 그것을 보완할 만한 다른 방법을 찾거나, 보다 적극적으로는 이민을 선택할 수도 있는 것입니다.

그리고 나서도 도저히 방법이 나오지 않는다면 그것은 '할 수 없는 일'입니다. 적어도 현재 자신의 능력으로는 한계가 있는 것입니다. 할 수 없는 일은 과감히 포기해야 합니다.

만약 '방법은 있을 듯한데 두렵다'거나 '지금 내 처지로는 무리다'라고 생각된다면 그것은 할 수 없는 일이 아니라 하려고 들지 않은 일입니다. 자신에게 결단을 내릴 용기가 없다는 걸 인정해야 합니다.

성공도 실패도, 지속도 포기도 모두 자신의 몫이다

포기를 비판하려는 것이 아닙니다. 포기하는 것 또한 선택입니다. 때로 포기는 소용없는 일에 시간을 낭비하지 않도록 해줍니다. 능력밖의 일이라 판단되면 일단은 포기하였다가, 절치부심하여 다시 도전하는 경우도 있습니다. 이 경우 포기는 2보 성장을 위한 1보 후퇴가 됩니다.

이처럼 순기능을 발휘하기 위해서는 어디까지나 스스로의 선택임을 확실히 해둬야 합니다. 그렇지 않고 포기를 외부의 탓으로 돌린다면, 그것은 당신의 의존적인 성향을 증명하는 것입니다.

자발성을 기르기 위해서는 문제의식의 초점을 항상 '자신'에게 둬야 합니다.

어떤 일을 시작할 때, 대부분의 사람이 다음과 같은 문제의식을 가집니다.

'무엇 때문에 이 일을 하려고 하는가?'

그러고는 그 일을 할 수밖에 없는 이유를 꼽으며, 그로 인해 자신이 고생하고 있다고 생각합니다. 예를 들어 국가고시를 준비하는 청년이 있다고 합시다. 그는 자신이 고시를 준비하는 이유가 부모님의 기대를 충족시키고 행복하게 해드리기 위해서라고 생각합니다. 몇 번의 낙방을 겪고 고시 공부가 길어질수록 점차 부모님의 기대가 부담스러워지고 심지어는 원망스럽기까지 합니다.

한편, 어떤 일을 포기할 때는 많은 이가 다음과 같은 문제의식을 가집니다.

'무엇으로 인해 이 일을 할 수 없는가?'

그러고는 도저히 해낼 수 없는 이유를 꼽으며, 타인이나 환경 등 외부적인 요인 때문에 어쩔 수 없다고 포기를 합리화합니다.

자신이 주인 되는 삶, 스스로 사는 삶을 원한다면 위와 같은 문제의식을 바꿔야 합니다.

나는 왜 이 일을 하려고 하는가?

나는 왜 이 일을 포기하는가?

초점을 '나'로 바꾸면 질문이 심플해집니다. 이런저런 이유나 핑계를 찾지 않고, 모든 것을 자신의 선택으로 받아들일 수 있게 됩니다. 또한 나 자신의 가치관에 입각하여 해야 할 일과 하지 않을 일, 받아들일 일과 거부할 일을 명확히 구분해낼 수 있게 됩니다.

지금 당신이 포기하려는 이유는

할 수 없었기 때문인가,
하려 들지 않았기 때문인가?

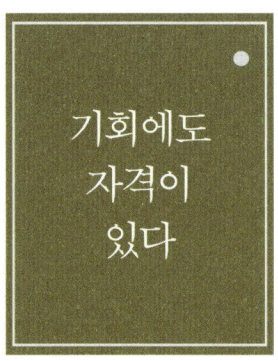

기회에도
자격이
있다

아직 기회가 오지 않아서 성공하지 못했다는 사람들에게 묻고 싶습니다. 당신이 기다리는 기회란 무엇인가요? 지나치게 거창한 전환점을 꿈꾸는 사람은 기회가 와도 그것을 알아보기 어렵습니다.

　지금은 제법 얼굴이 알려진 배우 B 씨의 이야기입니다. 그는 데뷔한 지 10년이 지나서야 겨우 조연으로 텔레비전에 얼굴을 비칠 수 있었습니다. 그 전에는 뒷모습이나 몸의 일부만 보이는 단역밖에 주어지지 않았다고 합니다. B 씨는 자신에게도 그든 작든 기회가 오기를 소망했습니다. 매일 밤 이렇게 기도하며 잠자리에 들었다고 합니다.

'부디 감독님의 눈에 띌 기회를 주세요.'

그는 어떤 역할을 맡든 혼신을 다하면 반드시 기회가 오리라는 믿음을 버리지 않았습니다. 무려 10년이란 세월을 생활고에 시달리면서도 매 작품에 최선을 다했습니다. 그는 배우 일이 자신의 천직임을 알았고, 작은 역이라도 몰입하는 순간만큼은 그 누구보다 역할을 즐겼습니다. 극에 완벽히 녹아들기 위해 대사가 없는 역을 받아도 그 씬에 등장하는 인물들의 대사를 모두 외웠다고 합니다.

그러던 어느 날, B 씨가 신인 배우와 함께 촬영하게 된 날이었습니다. 주인공이 자신도 모르게 사투리를 내뱉으며 시골뜨기임을 드러내는 장면이었는데, 주연을 맡은 신인 배우의 사투리가 어색해 계속 NG가 나고 있었습니다. 기다리던 B 씨는 자신도 모르게 능숙한 사투리로 대사를 중얼거렸습니다. 지나가던 조감독이 B 씨의 연기를 보고 신인 배우에게 사투리 연기를 지도해줄 것을 부탁했습니다.

얼마 후 B 씨는 아예 그 배우의 연기 선생이 되었습니다. 그것이 계기가 되어 업계 사람들에게 이름이 알려지기 시작하더니, 비중 있는 역할을 맡기에 이른 것입니다.

그는 언젠가 오디션을 통해 발탁되리라는 생각은 했어도, 이같이 뜻밖의 기회가 오리라는 생각은 하지 못했다고 합니다. 그러나 어떤 역할이든, 어떤 상황에서든 최고의 실력을 발휘하고자 하는 그의 열의가 결국 기회를 만들어냈습니다.

B 씨의 경우처럼 기회는 예상과 완전히 다른 방식으로 다가오곤 합니다. 당신은 기회가 왔을 때, 그것을 알아볼 수 있을까요? 꿈꾸던 상황이 아니라서, 나의 기대나 예상보다 너무 작은 것이라 무심코 흘려보낸 기회가 사실은 인생을 바꿀 일생일대의 기회였을지도 모릅니다.

언제까지 기회를 기다리기만 할 것인가

막연하게 '부자가 되고 싶다' '좋은 사람을 만나고 싶다' 같은 희망으로는 결코 기회를 얻을 수 없습니다. 기회는 찾아 나서는 사람의 몫입니다. 그런 의미에서 앞의 사례 속 B 씨는 10년을 하루같이 매일 기회를 찾아 나섰던 것이라 할 수 있습니다.

좋아하는 것, 하고 싶은 것, 이루고자 하는 것을 정확하게 알고 그것을 향해 나아가십시오. 그럼으로써 스스로 기회를 창출할 수 있습니다.

PART 03

나 자신을 지키는 힘, 자존성

자존성自存性 [명사] 자기 존재의 절대적인 독립성

나는
세상 누구보다
나를
사랑한다

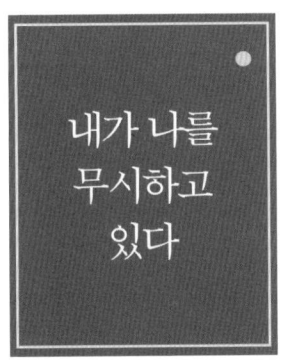

내가 나를
무시하고
있다

누군가 당신을 무시한다면, 당신은 그것을 받아들이기 힘들 것입니다. 어쩌면 그에 맞서 큰 소리를 내며 싸울지도 모릅니다. "내가 만만해 보여?"로 시작하는 매우 흔한 다툼은 대개 '무시당한 듯한 느낌'에서 비롯되지 않던가요. 그 자리에서 싸우지는 않더라도 마음속으로 분을 삭이지 못해 몇 날 며칠 잠을 이루지 못할 수도 있습니다. 어떤 사람은 '좀 더 좋은 옷을 입을걸' '더 좋은 차를 탔더라면 그런 취급은 당하지 않는 건데'라며 속상해하기도 합니다.

흥미로운 것은, 정작 내가 나를 무시하는 데는 아무런 문제의식이 없다는 것입니다. 어려운 일이 닥치거나, 예상대로 일이 풀리지 않으면 너무나 쉽게 이렇게 생각합니다.

'내가 하는 일이 다 이렇지, 뭐.'

'역시 난 안 돼.'

'어휴, 바보. 대체 잘하는 게 뭐야?'

어째서 자신이 자신을 무시하는 일은 이토록 예사로 넘기는 것일까요?

자신의 존재 가치를 타인의 시선으로 바라보기 때문입니다. 나보다 우위에 있는 남이 된 것처럼, 자신을 깔보고 자신의 가치를 의심하고 부정하는 것입니다.

자존성이란 무엇인가

어려서부터 우리는 평가와 비교를 학습해왔습니다. 어린 시절에는 남보다 공부를 잘하면, 달리기를 잘하면, 떼쓰거나 고집부리지 않으면 칭찬을 받았습니다. 남보다 뒤떨어지거나 부모의 기대에 미치지 못하면 "너는 그것도 못하니"라며 다른 집 아이와 비교당하며 질책을 받기도 했습니다.

자라면서는 경쟁 위주의 사회에서 비교와 평가를 내면화합니다. 학벌이 좋은 사람이나 높은 연봉을 받는 고위 공직자, 나보다 예쁘고 멋진 사람 옆에 서면 어쩐지 주눅 들고 의기소침해지는 것입니다.

그 결과, 나라는 존재를 내 안에서 파악하지 못하게 됩니다. 남에게 어떻게 보이느냐, 남이 나를 어떻게 대하느냐가 나의 존재 가치를 판단하는 기준이 되어 버립니다. 이것이 심해져 타인의 사랑과 인정을 갈구하며, 그로부터 자신의 가치를 찾는 사람이 되면 이미 자존성이 심하게 낮아진 것입니다.

내 인생의 진정한 주인이 되기 위한 마지막 단계는 자신의 절대적 가치를 깨닫고, 나아가 그것을 드높이는 것입니다. 세상에 하나밖에 없는 존재로서 나의 존엄성을 깨닫고, 자신을 존중하며 사랑하는 마음을 가져야 합니다. 그리고 고통과 상처에 굴하지 않는 인격을 갖춘 사람, '좋은 사람'이 되어 세상에 이로운 존재가 되기 위해 노력해야 합니다. 이것이 이 책에서 마지막으로 강조할 '자존성'입니다.

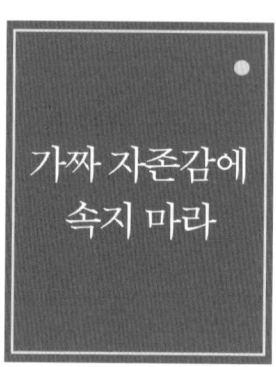

가짜 자존감에 속지 마라

자존성을 키워야 한다고 말하면 반응은 대개 두 가지 유형으로 나뉩니다.

하나는 "나는 자존심이 강한 편이에요. 내심 남들보다 우월하다고 생각하고 있어요. 그러니 그 문제는 걱정할 필요가 없겠군요"라고 말하는 유형입니다. 또 하나는 "저는 뭘 해도 안 돼요. 실제로 잘난 데도 없고요. 이런 상황에서 어떻게 자존성을 기르겠어요"라고 대꾸하는 유형입니다.

반응은 극과 극이지만, 본질은 똑같습니다. 자신의 존재 가치를 상대적인 기준에서 파악하고 있습니다.

요즘 백화점이나 식당에서 점원을 하대하는 고객들이 사회 문제가 되고 있습니다. 그들은 대접받기를 원하며 큰 목소리와 무례한 태도로 점원들을 대합니다. 남을 짓밟음으로써 우월감을 느끼는 사람들은 자존성이 높은 것일까요? 그들은 스스로 고귀하게 느끼는, 자존감 높은 사람들일까요?

사실은 그와 정반대입니다. 타인을 하찮게 대함으로써 상대적인 가치를 입증받고자 하는 것입니다. 사실은 자존성이 굉장히 낮은 경우입니다. 누군가와 비교하여 우위에 서 있음을 느끼지 못하면 자기 가치를 실감하지 못합니다. 나라는 인간 그 자체로는 별 볼 일 없다고 느끼기에, 돈이나 지위 등 상대적 우위를 드러낼 도구가 반드시 필요합니다. 이처럼 자존감이 약한 사람들은 자신보다 강한 사람, 더 돈이 많고 높은 지위에 있는 사람을 만나면 반대로 한없이 움츠러들고 작아집니다. 불행한 인생이라 할 수 있습니다.

이런 진상 고객들 외에, 자신의 낮은 사존감을 역실적인 방식으로 드러내는 사람들은 많이 있습니다. 이유 없이 부하직원을 괴롭히는 상사, 아내를 하대하며 종 부리듯이 하는 남편, 친구들 앞에서 끊임없이 자신의 형편을 과시하는 졸부 등.

이런 사람들로 인해 나의 자존이 상처 입어서는 안 됩니다. 오히려 그들을 불쌍하게 여기십시오. 비교하는 마음에서 벗어나지 못해 스스로 괴롭히는 사람들입니다.

인생이란 개별적인 것입니다. 사는 형편과 조건을 객관적으로 비교할 수 있는 있어도, 인생의 가치는 비교 불가능합니다. 개개인의 존재는 그 자체로 소중한 것입니다. 길거리의 노숙자와 한 나라의 대통령을 비교한대도 그 둘의 존엄성이 다를 수는 없습니다.

자존성을 높이기 위해서는 우선 나의 존엄이 절대적인 것임을 이해하고 마음속 깊은 곳의 비교와 설움을 털어내야 합니다.

나의 가치는 절대적인 것이다.
그 누구도 비교 대상이 될 수 없으며,
기준은 오로지 나 자신뿐이다.

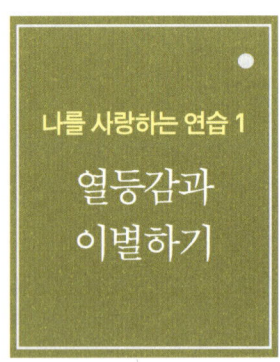

나를 사랑하는 연습 1

열등감과
이별하기

"당신은 자신을 사랑합니까?"

이 질문에 솔직하게 대답해 봅시다. 있는 그대로의 자신을 사랑하고 있다면, 이번 장은 과감하게 건너뛰어도 좋습니다. 그러나 답하는 데 있어 조금이라도 주저함이 있었거나, 스스로를 사랑하지 않는다고 느낀다면 이번 장은 몇 번이고 되풀이해 읽기를 권합니다.

그럼 다음 질문으로 넘어가 볼까요.

"왜 자신을 사랑하지 않습니까?"

나라는 존재로 태어난 이상 누구나 자신의 인생과 존재를 사랑해야 마땅합니다. 그런데 자신을 사랑하지 않는다면, 혹은 자신에 대한 사랑에 조건이 붙는다면 그렇게 된 원인을 찾아야 할 것입니다. 당신은 왜 자신을 사랑하지 못하나요?

사람들을 모아놓고 자신을 사랑하지 못하는 이유에 대한 설문을 벌인다면 각양각색의 이유가 등장할 것입니다. 아직 극복하지 못한 트라우마, 스스로도 받아들이기 힘든 성격이나 과거의 실수, 잘못 등으로 인해 자신에 대한 사랑을 잃어버렸을지도 모릅니다. 그러나 단언컨대 가장 큰 비율을 차지하는 것은 '열등감'입니다.

따라서 자존성을 높이기 위한 첫 번째 단계는 열등감을 버리는 것입니다.

열등감으로 인해 가장 고통받는 사람

무심코 걷다가 자기 쪽을 바라보며 웃는 사람을 보고 '지금 나를 비웃는 건가?'라는 생각이 들어 기분이 상한 적이 있습니까? 사람들의 시선이 내게로 집중되면 불안하고 껄끄럽게 느껴지지 않습니까? 옷이나 액세서리를 사는 작은 일조차 타인의 자문을 구하고, 내게 어울리는지 몇 번이고 확인받아야만 비로소 마음이 놓이지는 않습니까? 이러한 감정을 자주 느낄수록 열등감의 영향 아래 살고 있는 것입니다.

열등감은 개인의 가능성을 제한하는 부정적인 감정입니다. 자신의 단점을 실제보다 크게 의식하고, 단점이 드러날까 걱정하며 두려워하게끔 합니다.

열등감에 시달리는 사람은 단점이 드러날 만한 상황을 피하므로 자연히 소극적이고 눈에 띄지 않으려 노력합니다. 혹은 반대로 허영심과 반발심으로 인해 자신을 필요 이상 과장하고 과시하려는 경향을 보이기도 합니다.

확실한 것은 열등감으로 인해 가장 괴롭고 피해 보는 사람은 바로 그 자신이라는 사실입니다.

사랑받지 못하는 그녀의 진실

쑤칭은 어려서부터 또래에 비해 키가 작은 편이었습니다. 특히 패션에 관심이 많았기 때문에, 그녀는 자신의 작은 키가 항상 불만이었습니다. 소위 옷 태가 나지 않았던 것입니다. 쇼윈도에서 바로 튀어나온 듯 늘씬한 여자들과 스칠 때면 어쩐지 자신이 볼품없게 느껴져 주눅이 들기 일쑤였습니다.

대학에 들어간 후 쑤칭은 여러 번의 연애를 했습니다. 남자친구들은 모두 그녀의 외모를 칭찬하며 말했습니다.

"쑤칭, 넌 귀엽고 예뻐. 세상 누구보다도 너를 사랑해."

하지만 쑤칭은 남자친구들의 말을 곧이곧대로 믿을 수가 없었습니다.

'나보다 늘씬하고 아름다운 여자들이 얼마나 많은데 내가 예쁘다니! 분명 거짓말이야.'

예쁘다는 칭찬이 거짓말로 느껴지자 사랑한다는 말도 신뢰가 가지 않았습니다. 남자친구가 자신감 없고 의심 많은 쑤칭의 모습에 지친 기색을 보이면, 쑤칭은 '그럼 그렇지, 사랑한다는 건 역시 다 거짓이었어'라고 생각했습니다. 그렇게 쑤칭의 연애는 매번 실망스럽게 끝나고 말았습니다. 그녀는 아직도 자신이 사랑받을 만한 사람인지 확신을 가지지 못하고 있습니다.

열등감은 자신의 진정한 모습을 보지 못하고, 자신을 과소평가하게 만듭니다. 타인의 장점과 자신의 단점을 습관적으로 비교하게끔 합니다. '난 아름답지 않아' '나는 능력이 부족해'라고 생각하다 보면 그러한 생각은 결국 현실이 되고 맙니다.

당신의 열등감은 전혀 합리적이지 않다

그렇다면 열등감은 왜 생겨나는 것일까요? '열등'이란 말은 그 자체가 비교를 전제하고 있습니다. 즉, 타인의 삶을 기준으로 삼고 자신과 비교를 일삼기 때문에 생겨나는 것입니다. 텔레비전에 나오는 유명인들, 주변에 잘 나가는 친구들과 비교하다 보니 자신의 인생이 보잘것없이 느껴집니다. 그들보다 한참 뒤떨어져 있다는 생각에 우울한 마음도 듭니다.

그러나 여기에 함정이 있습니다!

사람이란 자신이 가진 것보다 남의 것을 크게 느끼기 마련입니다. 게다가 사람들은 각자의 단점, 내면의 우울과 불안을 숨기려 노력합니다. 좋은 부분, 행복한 모습만 보이기를 원합니다. 당신도 그렇지 않은가요? 마음속으로는 열등감으로 인해 괴롭지만 그러한 점을 겉으로 티 내지는 않습니다. 다른 누군가가 보기에는 당신 또한 '행복한 사람' '완벽해 보이는 사람'일 수 있습니다. 당신도 누군가에게는 열등감이 느껴지게끔 하는 비교 대상일지 모르는 일입니다.

 그러므로 당신이 느끼는 열등감은 전혀 합리적이지 않습니다. 오히려 착각과 오해의 소산에 가깝습니다.

마음속에 열등감이 자리하고 있지 않은가?

다음에 해당한다면 은연중 열등감에 휘둘리고 있을 가능성이 크다.

☐ 나의 외모나 조건에 만족하지 못하고 있다.

☐ 나보다 잘난 사람 앞에 서면 위축되고, 말과 행동이 어색해진다.

☐ 사람들이 내게 불친절한 이유가 외모나 조건 때문이라고 생각한 적이 있다.

☐ 체면이나 이목을 중시하는 편이다.

☐ 나에게는 나쁜 일들이 자주 일어난다.

☐ 사람들에게 물어보지 않고서는 쉽게 결정을 내리지 못한다.

☐ 가끔은 나 스스로 허세가 있는 편이라고 생각한다.

☐ 남들 앞에서 위축되지 않기 위해 거짓말을 한 적이 있다.

☐ 내가 동경하는 사람을 따라 해 본 적이 있다.

☐ 다른 사람들이 나를 어떻게 볼지 항상 신경 쓰인다.

☐ 친구나 동료들이 나를 따돌린다고 느낀 적이 있다.

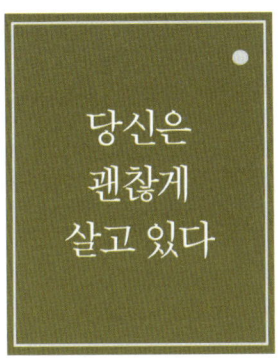

당신은
괜찮게
살고 있다

아직도 과거의 상처나 잘못으로 인해 후회하고 괴로워하고 있습니까? 변화를 위해서는 부정적인 고리를 끊어내야 합니다. 특히 열등감을 변화시키기 위해서는 과거로부터 자유로워질 필요가 있습니다.

어떤 상황과 부딪히면 그와 관련된 과거 경험을 떠올리게 되기 마련입니다. 바닷가에 가면 예전에 비슷한 곳을 여행했던 기억이 자연스럽게 떠오르는 것과 같습니다. 그런데 만약 관련된 과거 경험이 괴로운 것이라면 그것이 열등감의 원인이 될 수 있습니다.

앞선 이야기의 쑤칭은 어린 시절 작은 키로 인해 상처를 받은 적이 있었습니다. 친구의 생일파티에 좋아하던 남자아이가 참석한다는 이야기를 들은 쑤칭은 가장 예쁜 옷을 입고 파티에 갔습니다. 그런데 좋아하던 아이가 "엄마 옷을 입은 것 같아. 평소보다 더 작고 뚱뚱해 보이는걸. 오늘 쑤칭, 우스꽝스럽지 않아?"라며 쑤칭을 놀려대는 것이었습니다. 쑤칭은 속상한 마음에 당장이라도 울고 싶은 기분이었지만 꾹 참고 집으로 돌아왔습니다.

며칠 후 쑤칭은 그 남자아이에게 고백했지만, 남자아이는 겸연쩍은 표정으로 그녀의 고백을 거절했습니다. 이 일은 쑤칭의 마음속에 큰 상처를 남겼습니다. 쑤칭은 성인이 되어서도 결코 그 일을 잊지 못했습니다.

과거의 영향력에서 벗어나라

쑤칭이 작은 키에 대한 열등감에서 벗어나려면 어린 시절의 그 사건으로부터 자유로워져야 합니다. 어른의 시선으로 초등학교 때 자신이 겪은 일을 객관적으로 바라보면, 그 또래 남자아이들의 흔한 장난에 불과했다는 걸 깨달을 수 있을 것입니다. 성인이 되어서도 영향을 받을 만큼 큰 사건이 아니었던 겁니다.

무엇보다도 과거는 이미 지나간 일이라는 것을 받아들일 필요가 있습니다. 어쩌면 당신은 정말로 큰 트라우마가 될 만한 중대한 상처를 입었을지도 모릅니다. 유쾌하지 않은 일로 인해 실제로 얼마간 고난을 겪었을 수도 있습니다.

그러나 이미 지나간 과거에 현재의 발목이 잡혀 있어서는 곤란합니다.

'내가 정말 잘할 수 있을까?' '사람들이 나를 싫어하면 어떻게 하지?'란 생각이 들면 과거는 과거일 뿐임을 떠올리십시오. 이미 지나간 일은 현재에 영향을 미칠 수 없습니다.

과거는 이미 당신을 놓아줬습니다. 과거의 포로가 되어 열등감에 시달리고 있는 것은 당신 자신의 선택입니다.

과거의 영향력에서 벗어나기

남이 나를 어떻게 볼 것인가에 관한 근심과 두려움, 막연한 상상들을 걷어내라. 그리고 자신에 대해 다음과 같은 측면에서 판단해 보라.

과거 당신은 무엇을 걱정하였나?

과거 당신은 무엇 때문에 상처받았나?

과거 당신은 어떤 어려움을 겪었는가?

마지막으로 현재 자신의 모습을 바라보자. 그럼에도 불구하고 당신은 잘 살아남았다. 이 자체만으로도 자부심을 가질 만하지 않은가? 빈칸을 채워 보자.

그럼에도 불구하고 나는 ---------------------------------- 하고 있다.

그럼에도 불구하고 나는 ---------------------------------- 한 사람이다.

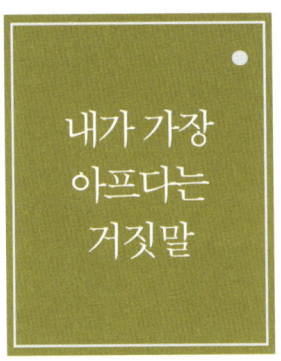

내가 가장
아프다는
거짓말

비교는 함정이며, 열등감은 함정 속 덫이라 할 수 있습니다. 한 번 걸리면 점점 더 깊게 빠질 수밖에 없습니다. 이러한 덫에서 빠져나오기 위해서는 자신을 있는 그대로 바라봐야 합니다. 자신을 제대로 보고, 무엇보다도 자신에 대해 솔직해져야 합니다.

당신은 자신을 얼마나 솔직하게 평가하고 있습니까? 당신이 생각하는 자신의 단점은 색안경으로도 결함인가요? 당신의 타고난 신체 조건이나 현재 생활은 어떠합니까? 걱정, 미련, 후회, 절망 같은 감정에 빠져 자신을 왜곡하여 인식한 것은 아닌가요? 어쩌면 남들의 말,

사람들의 편견과 고정관념에 휘둘러 자신의 인생을 평가하고 있는
것은 아닌지요?

외다리로 철인 3종 경기를 완주한 여성

사라 라이너첸은 대퇴골에 생긴 병으로 인하여 왼쪽 다리가 제대로
자라지 않았습니다. 7살 무렵, 그녀는 무릎까지 절단 수술을 받고 의
족을 사용하게 되었습니다. 이러한 신체 조건에도 불구하고 사라는
어려서부터 운동을 무척 좋아했고, 장래에 운동선수가 되기를 꿈꿨
습니다.

어린 사라에게는 장애인에 대한 고정관념이 없었습니다. 자신이
불행하다는 생각 따위는 더더욱 해본 적이 없었습니다. 그녀는 자신
에게 한쪽 다리가 없다는 사실을 인정했습니다. 그건 사실이었으니
까요. 그러나 운동을 좋아하고, 남들보다 운동신경이 뛰어난 편이라
는 것 또한 사실이었습니다. 무엇보다도 그녀에게는 원래 다리를 대
신할 의족이 있었습니다.

사라는 아주 단순하게 생각했다고 합니다.

"난 달리는 걸 좋아하니까, 의족을 한 채로 달리면 돼."

물론 의족을 하고서 달리는 데는 많은 고통이 따랐지만, 그녀는 자기 연민에 빠지지 않았습니다. 어쩔 수 없는 결함은 어쩔 수 없는 대로 받아들이고 단지 좋아하는 일을 최선을 다해 즐길 뿐이었죠.

사라는 13살에 100미터 달리기 장애인 부문에서 신기록을 경신했고, 서른 살에는 장애 여성 최초로 철인 3종 경기를 완주했습니다. 그녀는 전 세계적인 유명인사가 되었습니다.

어린 사라에게는 자신을 왜곡해서 바라보는 습관이 없었습니다. 친구들과 비교하여 자신을 평가하지도 않았습니다. 장애에 대한 세상의 편견에 휘둘려 '나는 할 수 없을 거야'라는 생각은 더욱이 하지 않았죠. 그 덕분에 사라는 최초이자 최고가 될 수 있었습니다.

그녀는 자신이 장애인이지만 남에게 의존해야 살 수 있는 건 아니라고 했습니다. 불편한 건 사실이지만, 그렇다고 해서 다른 사람들과 비교하여 불쌍하다고 생각한다면 그것은 오해라는 것입니다.

사라는 자신의 결함을 인정하되 장점 또한 사실로 인정했습니다. 그리고 자신의 빛나는 점을 더욱 갈고닦음으로써 자기 가치의 절대 기준을 향상시켰습니다.

자신을 정직하게 돌아보라

처지를 비관하며 자기를 비하하고 그럼으로써 자기 연민에 빠지는 사람들이 있습니다. 인간관계의 상처로 인해 '나는 사랑받을 자격이 없다'고 생각하며 자신을 세상에서 가장 불행한 사람으로 여깁니다. 실패의 경험으로 인하여 '더는 삶의 의욕이 없어'라고 생각하며 세상으로부터 버림받았다고 과장하기도 합니다. 좋은 대학을 나오지 못해서, 집이 부자가 아니어서 기회가 오지 않는다며 자신을 불쌍하게 생각하고 눈물짓기도 합니다.

이런 이들은 자기 자신을 정직한 눈으로 바라볼 필요가 있습니다. 상실감이나 좌절감, 고통 같은 감정으로부터 한 발짝 떨어져서 자신을 객관적으로 바라봐야 합니다.

과거에 받은 상처가 인생을 구렁텅이에 빠뜨릴 정도로 큰 것이었는지, 자기 연민에 빠져 인생을 낭비할 정도의 가치가 있는 것인지에 관해 고민해 봐야 합니다. 무기력과 무능력을 감추기 위해 아픔을 필요 이상 과장하고 있는 것은 아닌지, 정직하게 돌아볼 일입니다.

상황과 조건이 당신을 좌절에 빠뜨릴 정도로 최악의 것입니까? 세상에는 당신보다 더한 상처를 받은 사람도, 더 나쁜 조건에 있는 사람도 많습니다. 이러한 사실을 인정하길 거부하고, '그래도 내가 제일 불행해'라는 생각에 사로잡혀 있지는 않습니까? 아무것도 시도하지 않는 핑계로 자신의 처지를 이용하고 있는 것은 아닌지 이 또한 솔직하게 돌이켜봐야 할 것입니다.

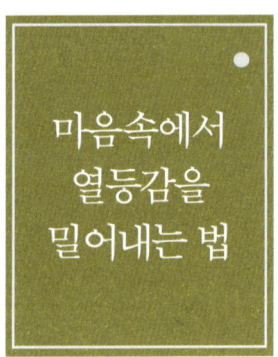

마음속에서
열등감을
밀어내는 법

비교가 습관이 되면, 열등감도 습관이 됩니다. 습관이란 물에 탄 물감과 같습니다. 한 방울의 물감이 퍼져 컵 속에 든 물의 색을 바꿔버리듯, 아무리 사소한 습관이라도 젖어 들면 빠져나오기 어렵습니다. 지속적으로 변화를 시도해야만 비로소 바꿀 수 있습니다.

열등감에 젖어 든 상태라면 하루아침에 빠져나오려 하기보다는 서서히 그것을 없애기 위해 노력하는 편이 낫습니다.

어쩐지 주눅 들고 의기소침해질 때면 마음속 열등감의 공간에 자신감을 밀어 넣으려 시도해 보십시오. '나 정도면 괜찮은 사람이야,

가슴을 펴고 당당해도 좋아!'라고 자신을 격려하는 것입니다.

어떤 상황에서든 부정적인 감정을 긍정적인 감정으로 교체할 수 있도록 준비해 놓습니다. 마음속에서 열등감을 몰아내고 그 자리를 자기 긍정감으로 채우는 것입니다.

지금 당장 할 수 있는 간단한 방법으로는 '기분 전환법'이 있습니다. 우선 자신이 좋아하는 일, 즉각적으로 감정을 고취시키는 일이 무엇인지 찾아냅니다. 자신이 형편없이 느껴져서 울적하거나 속상해지면 좋아하는 일을 통해 즉각 기분을 전환하는 것입니다. 유쾌한 영화를 봐도 좋고 운동을 하는 것도 방법입니다.

열등감을 자기 긍정감으로 교체하는 방법

앞서 진정으로 자신을 변화시키기 위해서는 잠재의식을 설득해야 한다고 했습니다. 열등감과 이별하고 궁극적인 변화를 이뤄내기 위해서도 잠재의식을 설득할 필요가 있습니다.

'나는 생각보다 괜찮은 사람이며, 그러므로 열등감을 느낄 필요가 전혀 없다'는 것을 잠재의식 수준에서 받아들여야 합니다.

이를 위해서는 자신의 빛나는 점을 찾아보는 것이 좋습니다. 스스로 칭찬할 만한 장점 혹은 주변 사람들에게서 주로 칭찬받는 부분을 찾아봅니다. 좋아하는 일에 열정을 가지고 있는 것 또한 빛나는 부분이라고 할 수 있습니다.

이처럼 나의 빛나는 점을 계속해서 발전시켜 나가면 어떤 일이 벌어질지 상상해 보십시오.

"배우자와 더 좋은 관계를 맺고 아이들과도 오손도손 일상의 행복을 누릴 수 있게 될 거예요."

"어려운 사람들에게 따뜻한 마음을 나눠줄 수 있을 거예요. 그들의 웃음에서 행복을 느끼는 좋은 사람이 될 수 있을 거예요."

이렇게 생각하면 군이 남과 비교하여 자신을 비극에 빠뜨릴 필요가 없음을 알게 될 것입니다.

잠재의식은 감정과 습관, 이미지 등의 영향을 받습니다. 그러므로 앞서 이야기했듯 가능한 한 생생하게 이미지를 그리며, 그 행복한 감정을 미리 경험해 보십시오. 그리고 열등감이 느껴질 때마다 행복한 미래 이미지를 불러올 수 있도록 습관화합니다.

글로 자세히 묘사한 카드를 지니고 다니며 수시로 보거나, 행복한 미래 이미지와 관련된 물건을 지니고 다니는 것도 좋습니다. 예를 들어, 이타심이 자신의 빛나는 점이라면 그것을 상징하는 봉사단체 회원증 혹은 후원하는 아이의 사진 등을 가지고 다니면서 볼 때마다 자기 긍정감을 되살리는 것입니다.

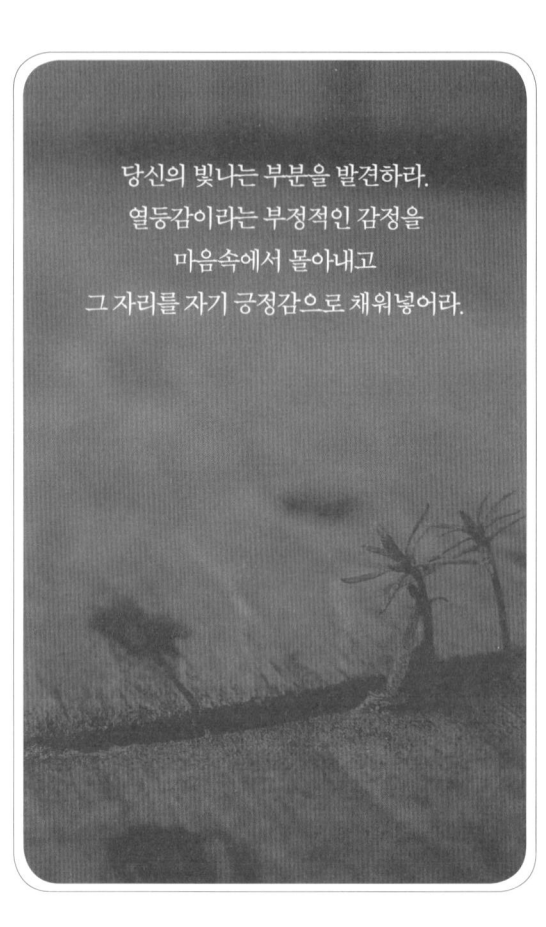

당신의 빛나는 부분을 발견하라.
열등감이라는 부정적인 감정을
마음속에서 몰아내고
그 자리를 자기 긍정감으로 채워넣어라.

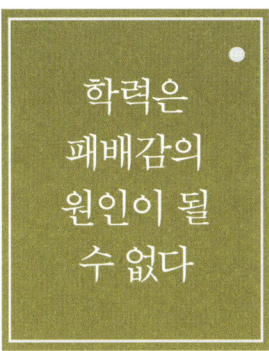

학력은
패배감의
원인이 될
수 없다

높은 학력과 좋은 점수, 소위 말하는 훌륭한 스펙은 진입장벽을 낮
춰줍니다. 그러나 학력은 조건일 뿐, 사람의 됨됨이를 말해주지는 않
습니다. 다시 말해 본질적인 가치와는 거리가 멉니다. 학력은 단지
사회 진출이라는 허들을 쉽게 넘을 수 있도록 도와주는 요소에 불
과합니다.

학력이 성공의 필수 요소인 것도 아닙니다. 일을 하면서도 학력을
운운하는 자가 있다면 그 사람이야말로 당신의 인생에서 버려야 할
것입니다. 상사가 그런 사람이라면, 당신의 학력이 좋고 말고를 떠나
서 그의 밑에서는 성공하기 어려울 것입니다. 더 이상 고루한 편견을

가진 자가 크게 될 수 있는 사회가 아니기 때문입니다.

'학력 무용(無用)', 학력은 필요 없다는 뜻으로 소니의 대표적인 인사 원칙 중 하나입니다. 소니의 창업주 모리타 아키오의 뜻을 받들어 아예 사규로 명시해 놓았습니다. 모리타 아키오는 《학력 무용론》이란 책을 집필한 바 있는데, 책에서 그는 학력에 대한 편견을 없애기 위해 소니의 인사서류를 모두 소각했다고 밝혔습니다.

오늘날까지도 소니는 입사공모 때 학력은 물론이고 출신 지역이나 나이도 요구하지 않습니다. 성적 기재란도 없습니다. 회사가 필요로 하는 것은 학력이 아니라 능력임을 확실히 해두고 있습니다.

때때로 학력이 낮기 때문에 '지금 이 모양'이라는 생각이 들 수 있습니다. 취업이 잘 되지 않고, 승진에서 번번이 누락되는 것이 낮은 학력이나 볼품없는 스펙 때문이란 것입니다. 이런 허상은 누가 만들어내는 것일까요?

취업이 되지 않는 사람들의 절박함, 회사에서 잘릴지 모른다는 사람들의 불안함을 이용해 돈을 버는 사람들입니다. 학벌에 대한 구태의연한 인식이 이러한 허상을 부추기고 있습니다. 그러나 학력은 능력의 척도가 될 수 없습니다. 모든 기업이 학력과 학벌을 중히 여기는 것도 아닙니다. 실제로 세상은 그 반대로 나아가고 있습니다.

구글이 원하는 인재

2014년, 구글은 리더로서 성공한 사람들의 조건을 알아내기 위해 빅데이터를 분석했습니다. 그 결과 밝혀진 리더의 가장 중요한 자질은 학력이나 IQ가 아니었습니다. 하버드나 스탠퍼드, MIT를 나온 사람보다 더 리더에 적합한 인물은 '매일매일의 행동이 예측 가능한 인물'이었습니다.

구글 또한 이전에는 학력과 성적을 소홀히 보지 않았습니다. 그러나 구글 내 인재분석 전문팀이 다년간 데이터를 분석한 결과 훌륭한 리더십은 학력과 무관하다는 것을 알아냈습니다.

실리콘밸리 최고 기업이 원하는 리더 상은 '일관성이 있는 인물'인 것입니다. 쉽게 이성을 잃지 않는 인격적으로 성숙한 인물이라고도 할 수 있습니다. 그런 의미에서 구글은 마음챙김 방식을 본격적으로 인재 개발에 활용하고 있기도 합니다.

남들보다 성공하지 못했다고 해서, 좋은 직장에 다니지 못하고 있다고 해서 낮은 학력을 원망하고 열등감에 사로잡혀 있습니까? 공부를 더 많이 하고 더 좋은 학교에 다녔다면 더 좋은 차를 타고 넓은 집에 살며 멋진 연인과 화려한 생활을 할 수 있으리라 생각하나요?

이제 그만 착각에서 빠져나와야 합니다.

학력이 아니라 인품이 문제입니다. 당신의 본질적인 가치를 높일 수 있는 것은 대학이 아니라 성품입니다.

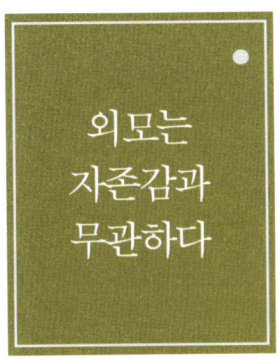

외모는
자존감과
무관하다

요즘 같은 외모지상주의 시대에 사람들은 끊임없이 '비교'에 노출됩니다. 텔레비전에 등장하는 연예인들은 늘씬한 몸매와 서구적인 마스크로 성공한 듯 보이죠. 타인에게 품평을 받는 것은 그들 직업에 따라붙는 필수 옵션 중 하나로, 미디어는 연예인의 재능을 말하기보다는 외모를 따지고 능력을 평가하기보다는 옷차림을 평합니다.

어려서부터 이런 정보를 반(半) 주입식으로 접해온 사람들은 자연스럽게 천편일률적인 미의 기준을 가지게 되고, 자신에게도 그러한 잣대를 들이댑니다. 그리고 그 기준에 미치지 못하므로 열등감을 느끼고 자신을 비하합니다.

그러나 미디어가 유명인들을 소비하기 위해 만들어놓은 미의 기준을 자신에게 적용하는 것은 어불성설입니다. 그로 인해 열등감을 느낄 필요도 없습니다.

가족이나 연인이 텔레비전에 나오는 연예인 같은 외모를 가지고 있지 않다고 해서 사랑하지 않을까요? 진정으로 사랑한다면 어떤 모습이건 상관없을 것입니다. 흔히 말하듯 겉모습을 사랑하는 것이 아니라 그 사람 자체를 사랑하는 것이기 때문입니다.

이것은 당신 자신에게도 마찬가지입니다.

당신은 자신의 겉모습과 관계없이 자신을 사랑해야 합니다. 살이 쪘건 말랐건, 키가 작든 크든, 쌍꺼풀이 있건 없건 자신을 사랑하고 아껴야 합니다.

가질 수 없는 미에 대한 집착

외모는 우리가 가지고 있는 수많은 면모 중 하나에 불과합니다. 겉으로 보이는 외모 외에도 우리 각자는 보이지 않는 재능, 성격, 기호 등 다양한 특질을 지니고 있습니다. 이 모든 것이 '나'라는 사람을 이

롭니다.

그러나 요즘 사회는 오로지 외모에만 초점을 맞추는 경향이 있습니다. 사회가 보이는 것 위주로 왜곡되어 있습니다. 사람을 전인적으로 파악하기보다는 겉모습과 조건으로 파악하고 쉽게 평가하는 풍토는 바로잡아야만 하는 것입니다.

문제는 이런 사회풍토로 인해 '외모가 경쟁력'이라는, 연예인에게나 해당될 법한 프레임 속에 자신을 가둔 사람이 너무나 많다는 데 있습니다. 미디어로 형성된 미의 기준에 미치지 못하는 데 대해 열등감을 느끼고 발버둥 치는 사람들이 허다합니다.

사람마다 흥미가 다르듯 외모 가꾸기에서 기쁨을 느끼는 사람도 있고, 그렇지 않은 사람도 있을 수 있습니다. 매니큐어를 바르고 화장을 하면서 기쁨을 느낀다면, 운동을 하고 근력을 키우는 데서 흥분을 느낀다면 그것을 즐기면 됩니다. 좋아하는 일을 하면 되는 것입니다.

그러나 만약 '외모가 곧 경쟁력'이라는 편견에 사로잡혀 외모로써 우월성을 입증하려 한다면 그것은 오히려 열등감의 소산이라 할 수 있습니다. 살이 쪄서 불안함을 느낀다면, 머리 모양이나 화장이 마음에 들지 않아 온종일 전전긍긍한다면 그 또한 열등감의 발로에 불과합니다.

아름다움은 마음가짐에서 비롯된다

스스로 못생겼다고 생각한 소녀가 있었습니다. 소녀는 사람들에게 얼굴을 보이는 것이 부끄러워서 항상 고개를 푹 숙이고 다녔습니다. 어느 날 소녀는 하굣길에 액세서리 가게에서 초록색 리본 머리핀을 샀습니다. 액세서리 가게 주인은 소녀에게 머리핀이 얼마나 잘 어울리는지 입에 침이 마르도록 칭찬했고, 주변의 손님들도 한 마디씩 거들었습니다.

"초록색 리본이 하얀 얼굴과 잘 어울리는데! 정말 예쁘구나."

소녀는 그들의 말을 곧이곧대로 믿지는 않았지만 어쩐지 기분이 좋아졌습니다.

다음 날 아침, 소녀는 초록색 머리핀을 하고 집을 나섰습니다. 횡단보도를 지날 때 소녀는 건너편에서 오던 행인과 부딪혔고, "죄송합니다"를 연발하며 길을 건넜습니다.

잠시 후, 복도에서 소녀를 본 선생님이 환하게 웃으며 소녀에게 말을 걸었습니다.

"오늘 정말 예쁘네! 항상 그렇게 고개를 들고 다니렴."

그날 내내 소녀는 다른 사람들로부터 예쁘다는 칭찬을 들었습니다. 소녀는 리본 머리핀 덕분이라 생각하며, 앞으로도 매일 이 머리핀을 하고 다니겠노라 다짐했습니다.

그런데 집으로 돌아와 거울을 본 소녀는 어리둥절해지고 말았습니다. 머리핀이 온데간데없이 사라져 있었습니다.

사실은 아침에 행인과 부딪혔을 때부터 머리핀은 떨어지고 없었던 것입니다.

나를 사랑하는 마음, 나 자신이 아름답다고 생각하는 마음이 진정 아름다움을 만듭니다. 애써도 가질 수 없는 외적인 미(美)가 아니라, 이미 당신의 마음속에 존재하는 아름다움을 발굴하십시오.

태도가 미래를 만든다

하버드 대학교의 로버트 로젠달 박사는 생후 6주 된 쥐들이 치즈를 찾아 미로를 통과하게끔 하는 실험을 했습니다. 로젠달 박사는 쥐들을 세 그룹으로 나누고, 그룹마다 실험조를 나눠 배정했습니다.

첫 번째 그룹을 맡은 학생들에게 그는 이렇게 말했습니다.

"축하하네! 자네들이 맡은 쥐들은 지능이 아주 높아. 복잡한 미로도 쉽게 빠져나오는 수준이라네. 그러니 영양을 충분히 공급해주면서 잘 돌봐주게나."

두 번째 그룹을 맡은 학생들에게는 이렇게 말했습니다.

"자네들이 맡은 쥐는 아주 평범한 쥐들이야. 영리하다고는 할 수 없지만 지능이 떨어지지는 않는다네. 시간이 걸리더라도 치즈 냄새를 따라가면 미로를 빠져나올 수 있을 거야. 큰 기대는 하지 말도록 하게."

세 번째 그룹을 맡은 학생들에게는 또 이렇게 말했습니다.

"안 됐지만, 자네들이 맡은 쥐는 평균보다 지능이 많이 떨어진다네. 미로 속에 갇히는 일도 왕왕 생길 거야. 이 쥐들이 미로를 빠져나오기란 거의 기적에 가깝겠지. 훈련 시켜봤자 시간 낭비일 거야."

그로부터 6주 후, 각 그룹의 쥐들을 맡아 돌보던 학생들이 실험 결과를 가져왔습니다.

첫 번째 그룹의 쥐들은 빠른 시간에 미로를 통과해서 쉽게 치즈를 찾아냈습니다. 한편, 두 번째 그룹의 쥐들은 미로를 통과하는 데 상당한 시간이 걸렸습니다. 세 번째 그룹의 쥐들은 미로 속에 갇혀서 치즈를 찾는 데 실패하고, 단 한 마리만이 미로를 통과했습니다.

실험에 참가했던 한 학생이 지능에 따라서 능력이 다른 것은 당연하지 않느냐고 물었습니다. 그러자 로젠달 박사는 대답했습니다.

"사실 모든 쥐들은 비슷한 지능을 가지고 있었다네. 딱히 더 똑똑한 쥐도, 멍청한 쥐도 없었어. 차이가 있었다면 쥐들을 대하는 자네들의 태도였지. 여러분이 어떤 태도로 대했느냐에 따라 능력에 차도가 생긴 걸세."

  사람은 태어날 때 대체로 비슷한 조건을 가지고 태어납니다. 유치원 때에는 고만고만하던 아이들의 인생이 수십 년 후 크게 차이가 나는 이유는 무엇일까요? 그것은 자신을 대하는 우리의 태도와 관련이 있습니다.

  위 이야기에서 쥐를 돌본 학생들의 태도가 쥐들의 능력에 차이를 만들었듯, 자신을 어떤 식으로 여기고 대하느냐에 따라 능력에도 차이가 생깁니다.

  당신은 자신을 어떤 사람으로 여기고 있습니까?

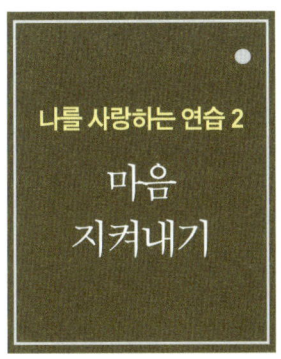

나를 사랑하는 연습 2
마음 지켜내기

일어나지도 않은 일에 대한 걱정과 근심, 고민에 빠져있다면 이것은 자신을 학대하는 것과 같습니다. 쓸데없이 자신을 괴롭히고 있는 것입니다. 자신을 사랑하기 위해서는 마음의 무게를 덜어내야 합니다. 나의 어리석음으로 인하여 나 자신이 고통받는 상황에서 벗어나야 합니다.

왜 우리는 불안에 속을까

인간의 뇌는 두 가지 시스템으로 구동되고 있습니다. 이성적인 시스템과 감정적인 시스템이 그것입니다. 감정적인 시스템은 본능적 작동 방식이라고도 합니다. 역사 이전 시대부터 누적된 경험을 통해 인간의 유전자 속에 새겨진 생존에 대한 본능이 감정적인 시스템을 통해 현대인에게도 발현되는 것입니다.

본능적인 불안감은 감정적인 시스템에 의해 생겨납니다. 걱정하는 일이 현실이 될 가능성이 매우 낮다는 것을 이성적으로 이해하더라도 마음에서 치솟아 오르는 불안감을 제어할 수 없는 것은 이 때문입니다.

페이언은 세 살배기 아이를 둔 엄마입니다. 그녀는 평소 걱정이 많은 타입으로, 한 번 근심거리가 떠오르면 그에 관해 생각하고 불안해하느라 하루를 거의 다 보냅니다. 예를 들어, '요즘 경기가 안 좋은데 남편이 실직하면 어떻게 하지'라는 생각이 들면 남편의 실직과 그로 인한 생활고, 대출금을 갚지 못해 받게 될 빚 독촉까지 연달아 상상하는 식입니다. 불안은 불안을 낳고, 상상의 나래는 거의 막장까지 펼쳐지고서야 끝이 납니다.

이러니 하루 일과를 제대로 수행할 수 있을 리 없습니다. 불안에 시달리니 항상 머리가 아프고, 아이의 작은 실수에도 날카로운 반응을 보이기 일쑤입니다. 그녀는 하늘이 무너질까 봐 무서워 잠을 이루지 못했다는 중국 고사 속 인물과 다를 바 없습니다. 쓸데없는 걱정으로 자신의 소중한 인생을 망치고 있는 것입니다.

감정적인 시스템은 일단 작동되면 멈추기가 어렵습니다. 불안을 느낌으로 인해 다시 불안해지고, 그 불안이 또 다른 걱정과 고민을 만들어냅니다. 악순환을 거듭하며 불안은 더욱 커집니다. 결국에는 제어할 수 없는 수준에 이르러 자신을 고통에 빠뜨립니다.

그러므로 불안은 초기에 다스릴 필요가 있습니다. 이성적인 시스템을 기수에, 감정적인 시스템을 말에 비유하자면, 기수가 말을 다스릴 수 있을 정도의 크기와 성질일 때 고삐를 잡아야 하는 것입니다. 불안(감정 시스템으로 인해 작동된 본능)이라는 말이 커지고 흉포해지면 기수가 아무리 고삐를 잡아당긴들 그 말을 제어할 수 없을 것입니다.

고민은
커지기 전에
도려내라

누구에게나 마음속 고민은 있습니다. 다만 고민의 무게가 다를 뿐입니다. 그러나 때때로 고민을 제때 바른 방법으로 해결하지 못하면, 그것이 마음속 상처가 되어 자존성에 흠집을 내기도 합니다.

'손톱 밑의 가시'라는 표현이 있습니다. 사소한 문제로 인하여 아주 고통스럽고 성가신 상태를 이르는 말입니다. 이 손톱 밑의 가시는 왜 위험할까요? 작은 상처라도 제때 치유하지 않으면 대체로 덧나 곪게 됩니다. 그때가 되면 환부를 잘라내는 수밖에 방법이 없습니다. 작은 가시 하나 빼내면 그만이었을 일을, 마침내는 피를 보고 살을 내주고야 끝나게 되는 것입니다.

마음도 마찬가지입니다. 손톱 밑 가시처럼 마음속 예민한 데 박혀 자신을 괴롭히는 고민을 방치하다 보면 마음의 환부가 점점 넓어집니다.

사소한 문제를 키운 것은 결국 자신이다

장 씨 부부는 금실이 좋기로 소문이 자자했습니다. 그런 장 씨가 어느 날 평소보다 늦게 퇴근하니 식탁 위에 커피잔이 두 개 놓여 있었습니다.

'아내는 혼자 있었을 텐데 왜 컵은 두 개일까?'

아내는 소파에 앉아 흥얼거리며 책을 뒤적이고 있었습니다.

'혼자 두 잔을 마셨을 수도 있지. 어쩌면 컵 하나를 꺼낸 걸 잊고 무심결에 하나를 더 꺼낸 것이 아닐까? 그래도 그렇지, 왜 늦은 저녁에 커피를 두 잔이나 마셨을까?'

이런저런 생각을 하며 장 씨는 아내 곁으로 다가갔습니다. 그러자 아내는 갑자기 일어나 화장실로 들어가는 것이었습니다.

'나를 피하는 걸까?'

남편 장 씨의 마음속에 작은 의심의 씨앗이 생겨났습니다.

이후 장 씨는 사사건건 아내가 의심스러워졌습니다. 아내의 일거수일투족이 신경 쓰이기 시작했죠. 친구와 통화하는 모습을 봐도 상대가 누구일까 생각했고, 처음 보는 액세서리를 하고 있으면 누군가에게 선물 받은 것은 아닐까 상상했습니다. 자신도 모르게 의심이 늘어갈수록 장 씨는 짜증스럽고 난폭한 사람이 되어 갔습니다.

"나에 대해 불만이 있으면 솔직하게 말해줘."

참다못한 아내가 말했지만, 장 씨는 고작 커피잔 두 개 때문에 아내를 의심하게 되었다고 말할 수 없었습니다.

두 사람의 사이는 점차 멀어졌습니다. 그렇게 한 해가 지나자 장 씨 부부의 사이는 돌이킬 수 없을 정도로 나빠져 버렸습니다.

장 씨의 이런 사정을 듣고 처음부터 아내에게 '두 개의 커피잔'에 대해 물었다면 부부 사이가 나빠질 일은 없었을 것이라 말하자, 그는 이렇게 대답했습니다.

"고작 커피잔 따위에 신경 쓰는 것을 들키기 싫었어요."

그렇다면 신경 쓰는 것이 창피할 정도의 '사소한 문제'는 마음에서 가볍게 지웠어야 할 일입니다. 진작 털어냈더라면 깃털처럼 가벼웠을 문제를 감당할 수 없을 정도로 무겁게 키운 것입니다.

1그램의 고민을 1톤으로 만든 범인

단단한 돌담 틈으로 작은 싹이 자라났습니다. 돌담 집의 주인은 대수롭지 않게 생각했습니다. 작은 싹은 점차 자라나 나무가 되었습니다. 지나가던 사람들이 나무를 뽑으라고 조언했지만 주인은 귀찮다는 이유로 흘려들을 따름이었습니다.

"담 사이로 나무가 자란다고 해서 큰일이야 있겠어."

그렇게 시간이 흐르는 동안 나무는 돌담 틈에 굳게 뿌리 내려 뽑을 수도 없을 정도로 크게 자랐습니다. 폭풍우가 불던 어느 날 밤, 번개를 맞고 나무가 쓰러지자 그 단단한 돌담 또한 하룻밤 새 무너지고 말았습니다.

손톱 밑 가시란 이런 것입니다. 문제의 싹을 해결하지 못하면 결국 수습하기 어려운 큰 문제로 번지게 됩니다.

손톱 밑 가시로 인해 상처가 곪는다면 그건 가시 때문일까요, 그 가시를 내버려 둔 자신 때문일까요?

문제는 반드시 사소한 데서 시작됩니다.

쇠똥구리가 처음부터 몸집만한 똥을 굴릴까요? 아주 작은 것부터 굴리기 시작하여 결국 제 몸을 넘는 크기의 공 모양을 만듭니다.

마찬가지로, 처음부터 커다란 고민은 없습니다. 모든 문제는 아주 작은 오해와 오류에서 비롯됩니다. 그러므로 제어 가능한 수준일 때, 다시 말해 아직은 '사소한' 문제일 때 반드시 해결해야만 합니다.

깃털 같은 고민이
1톤의 무게로 자라나
인생을 잠식하도록
내버려 두지 말라.

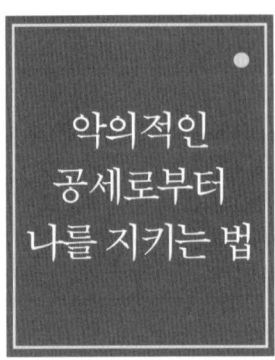

악의적인 공세로부터 나를 지키는 법

누군가 당신으로 하여금 자신을 학대하도록 만들 수도 있습니다. 당신이 하는 일에 사사건건 부정적인 의견을 내놓으면서 불안을 조성하거나 화나게 하는 것입니다. 당신을 위축되게 할 수도 있습니다. 대부분의 경우 진심으로 걱정해서 하는 조언이라기보다는, 당신의 기를 꺾으려 하는 다분히 악의적인 행위입니다.

이펑은 3년간 근무해온 회사를 그만두고 어려서부터 꿈꿔왔던 그림 공부를 다시 하겠다고 마음먹었습니다. 벌어둔 돈도 있으니 생활을 걱정할 정도는 아니었습니다. 다만 부모님과 친지들이 어떤 반응을 보일지가 문제였죠. 이평은 어떤 상황에서도 자신의 결심을 꺾지 않겠노라 다짐하고 시골집으로 내려갔습니다.

아니나 다를까, 예상과 마찬가지로 부모님은 펄펄 뛰며 이평의 결정에 반대했습니다.

"그림이나 그리라고 그동안 뒷바라지를 해온 줄 아니? 열심히 벌어서 결혼해 부모를 봉양할 생각을 해야지, 정말 실망이다."

이평이 내려왔다는 소식을 듣고 방문한 친지들도 제각기 한 마디씩 던졌습니다.

"그림으로 먹고살 수 있을 거 같아? 결국엔 거지꼴이 되어 부모에게 손 벌리게 될 거야."

"인제 와서 화가라도 되겠다는 거냐? 아주 어려서부터 돈을 많이 들여 공부해야만 정식 화가가 될 수 있다는 거 몰라?"

부정적인 전망을 내놓으며 겁주는 사람들에게 이평은 다음과 같이 말하고는 고향집을 떠났습니다.

"이해하지 못하시리라 예상하고 있었고, 얼마나 화내실지도 이미 알고 있었습니다. 그렇더라도 제 결정을 말씀드리기 위해 여기까지 온 거예요. 여러분의 기대가 저의 꿈보다 우위에 있을 수는 없습니다. 저는 어쨌거나 제 꿈을 믿어보겠습니다."

어떠한 상황에서도 평온을 유지할 것

당신의 마음을 무겁게 하기 위해 사람들은 '실망이다' '속상하다' 등의 표현을 속사포처럼 쏟아낼 것입니다. 그런 말들로 인해 괴로워하거나 우울해할 필요는 없습니다. 상대의 감정을 잘 인식하는 한편으로, 그러한 감정에 영향받지 않지 않으면 됩니다.

한편, 사람들은 당신의 기를 죽이기 위해 '네가 뭘 안다고' '세상은 네 생각처럼 만만치 않다'고 말하며 부정적인 전망을 잔뜩 늘어놓을 것입니다. 그렇다고 걱정할 필요는 없습니다. 상상은 머릿속에서 벌어지는 일일 뿐 현실과는 거리가 멉니다. 앞서 말했듯, 가장 정확한 정보는 자신의 체험입니다.

이러한 마음으로 어떠한 상황에서도 평온을 유지하십시오. 누군가 당신에 대한 걱정을 잔뜩 늘어놓는다면 "제 미래에 대한 고민은 스스로 하고 있습니다, 신경 써 주서서 감사합니다"라고 상황을 정리할 수 있습니다.

어떤 사람들은 당신의 감정을 자극하려 애쓸 것입니다. 그렇더라도 흥분하지 말고, 상대는 '그렇게 생각할 수도 있다'고 받아들이십시오. 만약 흥분하여 감정적으로 동요한다면, 자신도 모르는 사이

뇌의 감정적(본능) 시스템이 작동하기 시작할 수 있습니다. 불안을 느끼기 시작하는 것, 이것이 바로 그들이 노리는 점입니다.

내게 죄책감 혹은 걱정 근심이라는 마음의 짐을 얹어주려는 사람들에게 굴복하지 않아야 합니다. 그런 식으로 자신을 괴롭힐 필요가 전혀 없습니다. 그것은 나를 존중하는 방식이 아닙니다.

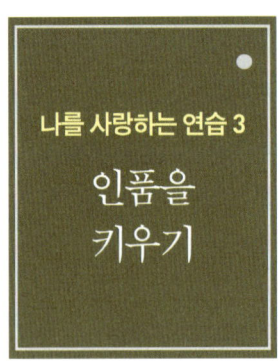

태어나면서부터 군자는 없습니다. 인품이란 살아가며 완성되는 것입니다.

모든 사람은 자신만의 기질을 가지고 태어납니다. 이것은 심리학적으로도 밝혀진 사실입니다. 태어날 때부터 예민한 아이가 있고, 둔한 아이가 있습니다. 때 되면 먹고 눕혀 놓으면 자는 아기가 있는가 하면, 먹이고 재우는 일이 고난인 아기도 있습니다. 아주 순해서 부모의 노고를 덜어주는 아기도 있으며, 반대로 작은 소리에도 크게 놀라 경기를 일으키는 등 부모의 가슴을 조마조마하게 만드는 아기도 있는 것입니다. 이것은 아이가 타고나는 기질일 뿐 보살핌의 문제가 아닙니다.

　이처럼 기질은 타고나는 것입니다. 그러나 성품은 기질과는 달리 만들어지는 것입니다.

　사람이 자라남에 따라 성품이 형성됩니다. 아기 적 예민하던 사람이 세심하고 배려 깊은 성품의 어른으로 자랄 수 있습니다. 배포가 넓은 대장부의 면모를 갖춰, 어린 시절 그를 알던 사람이라면 바뀐 모습에 놀랄지도 모릅니다. 반대로 아기 때는 순하다 못해 둔해 보이기까지 하던 아이가 자라나면서 모나고 까칠한 성품의 어른이 될 수도 있습니다.

　혹자는 이렇게 질문할지도 모릅니다.
　"그렇다면 한 사람의 성품은 부모가 만드는 것인가요?"

　사람들이 한 가지 크게 오해하는 것이 있으니, 성격과 성품이 바로 그것입니다. 성격은 기질에 환경이 더해 만들어집니다. 물론 부모나 스승, 가족의 영향이 큽니다. 한 사람의 성격은 청소년기를 거치며 거의 결정된다고 봐야 합니다.

그러나 성품은 곧 인성이며, 소인배가 될 것인가 군자가 될 것인가의 문제입니다. 소설 〈해리포터〉에는 다음과 같은 말이 등장합니다. "우리가 누구인지를 결정하는 것은 능력이 아니라 선택이다."

어떤 인간이 될 것인지는 자신의 결정에 달려 있습니다. 그러한 결정과 그에 따른 변화에는 나이가 따로 있지 않습니다. 젊은 사람이든 늙은 사람이든, 군자가 되기 위한 길을 걸음으로써 인성이 함양되고 성품은 고귀해집니다. 자신의 절대 가치를 높일 수 있습니다.

돈밖에 모르던 냉혈한의 변신

마이크로소프트라는 거대한 IT 제국을 세우던 시절, 빌 게이츠는 '실리콘밸리의 악마'로 불리었습니다. 그는 사업밖에 모르는 전형적인 비즈니스 냉혈한이었습니다. 그의 40년 친구인 폴 앨런은 자서전에서 게이츠를 '돈밖에 모르는 기회주의자'로 묘사했을 정도죠. 이외에도 사업가 시절 게이츠를 아는 사람들은 그가 무례한 데다 탐욕스럽기까지 했다고 입을 모읍니다.

그랬던 빌 게이츠의 오늘은 어떤가요? 그는 세계에서 가장 존경받는 부자이자 인류 역사의 한 획을 긋고 있는 자선사업가로 꼽힙니다. 빌 게이츠는 역사상 그 어떤 자선사업가보다도 많은 돈을 기부했으며, 지금도 계속하고 있습니다. 자녀들에게는 재산의 0.01%만을 상속할 예정입니다. 그의 행보는 과거의 탐욕스러운 냉혈한과는 완전히 다릅니다. 한때 그 저의를 의심하던 사람들조차 이제는 게이츠의 진심을 인정하고 그의 인품을 높이 삽니다. 한때 '실리콘밸리의 악마'였던 남자가 '소외된 대륙의 구원자'로 변신한 것입니다.

이 같은 변화는 게이츠의 나이 사십 대 이후에 벌어졌습니다. 그로부터 20여 년의 세월이 흘러 지금에 이르기까지, 그의 성품 또한 크게 변화했습니다.

중년의 문턱에서 소인배와 군자의 갈림길에 섰던 그는 결국 군자의 길을 택했던 것입니다.

나이가 들어도 성품을 갈고 닦는 일은 게을리하지 않아야 합니다.

〈논어〉에서는 공자의 생을 다음과 같이 요약합니다.

열다섯에 학문에 뜻을 두었고,
서른에 스스로 일어섰으며,

사십에 흔들림이 없었고,

오십에 하늘의 뜻을 알았으며,

예순에는 무슨 말을 들어도 순리로 이해하게 되었고,

일흔에는 마음 가는 대로 행하여도 도리에 어긋나지 않았다.

어려서는 호기심과 독립심이란 자질을 닦고, 오십 이후로는 순리를 좇아 세상과 타인을 이해하고 마침내 가장 높은 수준의 인품에 다다르는 길을 표현하고 있습니다. 논어에서 표현하는 공자의 일생은 인성을 닦아 나아가는 여정과 같아 보입니다.

그렇다면 평범한 사람은 어떻게 군자의 길을 가야 할까요?

기부하거나 학문에 매진하는 것은 과제에 불과합니다. 중요한 것은 무엇을 할 것인가가 아니라 어떻게 할 것인가입니다.

일일삼성(一日三省, 하루에 세 가지를 살핀다는 뜻으로 매일 반성한다는 뜻)은 자질로 만들어야 하며, 일일일선(一日一善, 하루에 한 가지씩 선행을 행한다는 뜻)은 습관이 되어야 합니다. 즉, 스스로 되돌아보고 반성할 줄 아는 성품을 지녀야 하며, 무의식적으로 선을 행하는 것이 몸에 배어있어야 한다는 것입니다.

태도가 성품을, 성품이 사람을 만듭니다. 스스로의 품위와 가치를 드높일 때 존엄은 비로소 빛이 납니다.

나에겐 나를 지켜낼 힘이 있다

초판 1쇄 인쇄일 2016년 11월 23일 • 초판 1쇄 발행일 2016년 11월 29일
지은이 쉬지아훼이 • 옮긴이 한유진
펴낸곳 (주)도서출판 예문 • 펴낸이 이주현
기획 편집 김유진 • 디자인 담다 • 영업 이운섭 • 관리 윤영조
등록번호 제307-2009-48호 • 등록일 1995년 3월 22일 • 전화 02-765-2306
팩스 02-765-9306 • 홈페이지 www.yemun.co.kr
주소 서울시 강북구 솔샘로67길 62(코리아나빌딩) 9F

ISBN 978-89-5659-318-0 (13320)